U0909797

# 一代大儒

## 爱新觉罗·毓鋆

许仁图 著

上海三联书店

**图书在版编目(CIP)数据**

一代大儒爱新觉罗·毓鋆/许仁图著.—上海:上海三联书店,2014.4
ISBN 978-7-5426-4626-2

Ⅰ.①一… Ⅱ.①许… Ⅲ.①爱新觉罗·毓鋆(1906~2011)-生平事迹 Ⅳ.①K825.46

中国版本图书馆CIP数据核字(2014)第035515号

**一代大儒爱新觉罗·毓鋆**

著　　者/许仁图

责任编辑/陈启甸　王倩怡
特约编辑/龙若飞
装帧设计/棱角视觉
监　　制/吴　昊

出版发行/上海三联书店
　　　　(200030)中国上海市漕溪北路331号中金国际广场A座6楼
邮购电话/021-22895540
印　　刷/北京天宇万达印刷有限公司

版　　次/2014年4月第1版
印　　次/2018年11月第3次印刷
开　　本/710mm×1000mm　1/16
字　　数/190千字
印　　张/17
书　　号/ISBN 978-7-5426-4626-2/K·260
定　　价/45.00元

**| 双春双雨水，拯世真文在夏学 |**

△ 老师手书条幅“以夏学奥质，寻拯世真文”，在“夏历甲子年幸逢双春双雨水　闰十”，甲子年是 1984 年;“腊月念五日”即农历十二月二十五日，清帝逊位日。后面的图即是老师带来台湾的《孔子行教图》，吴道子的真迹拓本，老师于 2011 年送给北京清华大学国学院。老师拍摄此照片于 2005 年，刚好一百岁，全身没有老人斑。

｜**老师讲课示意图**｜

△ 老师讲课时，前面有黄色塑胶布铺盖的长桌，这张照片没有，这是周义雄师兄特别为老师拍照的场景。照片后上方有老师所书的“长白又一村”。时为 1976 年老师 70 岁。

| **王者气象，就该如此** |

△ 周义雄师兄于老师七十整寿 (1976 年 )，开始为老师塑造全身塑像。为塑此像，周师兄仔细欣赏老师讲学的丰采神韵，点滴整修，可谓形神兼备，王者气象就该如此。

**清香一缕，磬声轻敲，寺中有高人！**

△ 老师自小就喜欢听磬声闻清香，这是佛家所谓的“善根”。老师来台，常与和尚高僧往来，也走访不少庙寺，这张照片摄于海会寺，周义雄师兄陪伴，神态威仪慑人。

| **台湾几人穿斗篷！** |

△ 老师曾说，“除了老蒋，陈诚、何应钦都不敢穿斗篷！”因为只有“统帅”才有资格穿。老师穿斗篷的照片有两张，除了 1995 年所摄这张，周义雄师兄也在 1974 年新店郊区，为老师拍摄一张（左下图）。

｜遥想老师当年驰骋幽燕满蒙间｜

△ 老师在 1947 年被当时的国民政府主席蒋介石监管到台湾，不久就安排到台东农校当教导主任。老师入境随俗，穿戴卑南族服饰，这张持刀的武士照片，是老师来台留下的最早照片，让我们遥想老师当年纵马满蒙幽燕间的风采。

| **抽烟也得高贵气！** |

△ 这张抽烟斗的照片，摄于 1966 年，为加大退休教授吉德炜所摄，可惜是黑白照，碧绿的烟嘴无法显现。照片中的老师短发无须，和毓门弟子所认识的老师形象大是不同，透露一股剽悍气。老师大概在六十岁蓄须，这张照片可能是蓄须前的最后留影。

| **君臣之义，不可废也** |

△ 溥仪在 1967 年 10 月 17 日病逝，老师在洲尾村的住宅处设佛堂供奉。“君臣之义，不可废也”，老师对溥仪，可说尽了人臣之道。

| **秉大节，君仁臣贤** |

△“咏豳轩”横匾有“子良仁兄属”五字，应该是太老师康有为写给老师的阿玛。“咏豳轩”下的努尔哈赤像是老师画的。我进入“天德黉舍”的第一天，就见到这一字一画。（1976 年周义雄师兄　摄）

**| 吃素礼佛，教诲洋博士！ |**

△ 1961 年，老师带洋博士弟子畅游寺庙并吃素斋，这张照片后排中立者为老师，右方后排一男一女为简慕善夫妇，前排左角为密歇根大学荣誉教授孟旦师兄，此张照片是孟旦师兄赠送给老师的。老师仍无蓄须，应该是老师和洋博士弟子最早的照片。上文是老师沉思随笔记录，是老师留下的极少数思想性文字，极其珍贵。

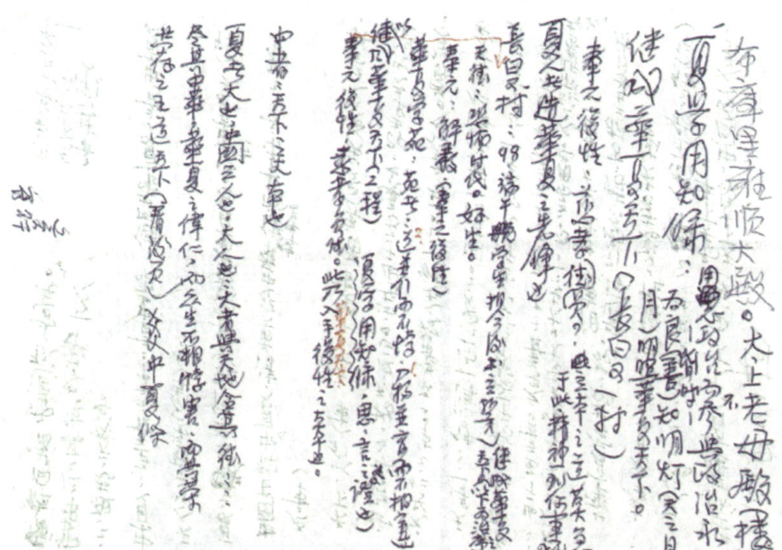

| **洋学生懂规矩，老师当然开心！** |

△ 老师住在内湖洲尾村教洋弟子，1968 年，印第安纳大学教授倪肃姗请老师吃饭，还敬奉红包，老师称赞“洋学生懂规矩”，拿红包时笑说：“这不是见钱眼开吗？”与老师并行的女子即是倪肃姗师姐，照相机是她带来的。上文与前页文字写在同一纸上的正反两面，其中有老师的“立誓”文字。

｜**老师手绘观音图**｜

△ 老师手绘观音图有二，一是摹自唐朝吴道子的《观音图》（右），老师为上寿额娘百岁冥诞，十年造像千尊，回向父母，以尽孝心，以慰慈恩；另一是摹自溥儒的《渡海观音》（左），但此图只画一幅。两幅观音图上方都有乾隆御笔的“般若波罗蜜多心经”。渡海观音左下方二枚印章，长形那枚印文是“四十四年经二帝五朝历八雄十代”。

先朝奠定中華，今將使成華夏，中夏成華，天下一平
華夏遠近大慶，夏華覺正保大盛一平。
（中夏成華，天下一平）

奉元復性
毓孝為仁

| 爷爷抱抱，不要念经了！ |

△ 老师来台湾真正的幸福在左拥右抱一对孙子。老师晚年十分享受和这对孙子斗嘴的含饴弄孙之乐，看老师这张照片，左手还拿一长串佛珠，大概在数佛珠时，两个孙子就要爷爷抱。

| **自牧牧人，稚子喜见太老师！** |

△ 公元 1989 年，老师与印第安纳大学教授伊若泊二子合照。老师英气勃发，客厅悬有于右任所书“自牧斋”。“自牧斋”下有两条竹板对联，暗红底阴刻金字，“不欲即仙骨，无情乃佛心”，原本是挂在床柱上的。

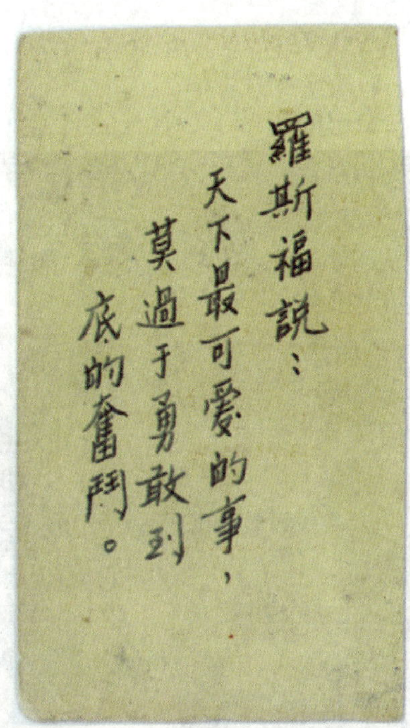

羅斯福說：
天下最可愛的事，
莫過于勇敢到
底的奮鬥。

**给太老师请安！**

△ 毓门弟子的师生感情十分浓厚，常常都会带儿女来磕见太老师。在台湾研究院工作的师兄黄德华，就带女儿来拜见太老师（此张照片由义子张景兴提供）。上文是老师摘自罗斯福的金玉良言。

| 山崖水岸有高山 |

△ 老师这张照片十分俊伟，有岳峙崖岸的风采。老师供奉光绪皇帝，旁边有一张照片，那是诺贝尔奖得主，有“诗哲”之称的印度诗人泰戈尔。泰戈尔曾到宫中晋见溥仪，老师和泰戈尔见过面，十分尊敬泰戈尔。

**｜最后一程，幸好有你相陪｜**

△ 2010 年 11 月 6 日，加大退休教授简慕善师兄拜访恩师，行事低调的义子张景兴难得留下陪伴老师的照片，此张相片由黄德华师兄提供；除了 2011 年春节有些师兄姐跟老师拜年有留下的合照外，这张影中人是老师的最后身影。上图是老师住州尾村渡船留影，倪肃姗师姐摄。

**笑容可掬，吾爱吾师！**

△ 老师的形象从来都是雄健刚严。这张摄于 2010 年仲夏的照片，是老师病后留影，笑容可掬，十分慈祥，即之也温。（黄德华师兄摄）

**静心养志，时至不失！**

△ 老师不过年，家中不贴春联，只有“静园”贴春联，我住在静园第一年，老师贴的是“天下众生仁者寿”、“世间凡事礼为尊”。静园供奉的是光绪帝，我带孩子在静园向太老师请安，我和老师在静园中庭合影时，所养的狐狸狗阿苏站在侧门。

**| 老师的家在礼王府 |**

△ 老师出生在今北京西皇城根南街西侧的礼王府。礼王府花园就是曹雪芹所写的《红楼梦》的大观园原型。礼王府现今是民政部的办公室之一。

| **长白世泽，老师祭太祖** |

△ 老师在 1981 年首度祭太祖努尔哈赤。努尔哈赤的画像由老师沐手恭绘。老师的伟愿是继太祖奠定中华、长白一村的伟业，继成华夏天下，开启长白又一村。上图是老师在祖先龙兴之地新宾，勘定满学研究院建院用地。

**| 祖宗有灵，永陵成为世界遗产 |**

△ 清代皇陵有三处，东陵、西陵和永陵。永陵建于明万历二十六年，葬了肇祖、兴祖、景祖、显祖，是清朝的祖陵。日俄战争时，永陵给毁了。老师决定重修断垣残壁的永陵，1993 年开始整修，1997 年修成，2004 年列为联合国科教文组织的“世界文化遗产名录”。

| **配殿重建，有主有从** |

△ 永陵本来有东西配殿，即果房和膳房，遭大水泛滥冲毁，老师捐款重建，照片是已建成的果房。

| 满学研究，后继有学人 |

△ 老师斥资兴建的满学研究院占地 11.3 亩，除主殿外，两边建有厢房，正殿和后殿都有广场和草地，气派宏伟典雅。由世代修筑故宫的大连设计师设计，宫殿式建筑。

**| 彩绘梁柱，浮雕门板，满学辉光 |**

△ 满学研究院的正殿梁柱和回廊廊柱都彩绘，门板龙纹浮雕，做工精美，日前已成游览胜地。

｜**奉元弟子闻钟声**｜

△ 清太祖建妥赫图阿拉城后，续建皇家寺庙，最重要的是“显佑宫”和“地藏寺”，统称“皇寺”。显佑宫的铜钟已毁，老师重铸，钟上浮雕台北奉元书院弟子的名字。

**皇寺题字，礼烈家声**

△“地藏寺”的负责人认为清代皇族中，溥杰已死，只有老师够资格为清代皇家寺庙题字，老师的落款是“长白毓鋆时年九三”。署名“毓鋆”，因地藏寺为皇帝所建，所以用御赐嘉名。上面横匾文字“功德堂”，是悬挂在满学研究院，因为是老师自己所建，署名用父亲所命的名字“金成”。

招魂

昨夜白云月似霜
满斗黄昏去屋旁
烧残[illegible]烛空流泪
方信梅花雪后香
临风惆怅汐水汪
独留孤忠护愚[illegible]
回首崇台昭忠迹
引领魂兮归尚飨

1990.11.25

餐唇唤声玉温香
缘尽孤雁恨茫茫
空留今生怀幻想
怎醒黄粱梦一场
倚栏未了知心话
当在冥中诉衷肠
一年几度情深水
都化清烟随意狂

1990.11.28夜

悔[illegible]

[illegible]了[illegible]觅圣[illegible]涯
借得清风吹泪干
愧对方年恩无怨
[illegible]葬[illegible]身伴血[illegible]

八十有五初度

一场春梦尽已残
半生劳碌难成篇
但祈英士默良知
莫将巧言欺愚顽
今欲[illegible][illegible]时何待
[illegible]不孝夫未[illegible]
诗稚未谢慕严面
负今愧昔一汗颜

| **倚栏未了知心话，当在冥中诉衷肠** |

△ 老师在 1990 年 11 月 25 日和 1990 年 11 月 28 日写了四首短诗，其中一首诗题为《招魂》，应是老师闻悉师母往生后的痛断肝肠之作。师母曾作四六骈文给老师，“倚门闾而望穿云树，履林海而恨满关山”，老师在短诗中也有“倚栏未了知心话，当在冥中诉衷肠”之句。

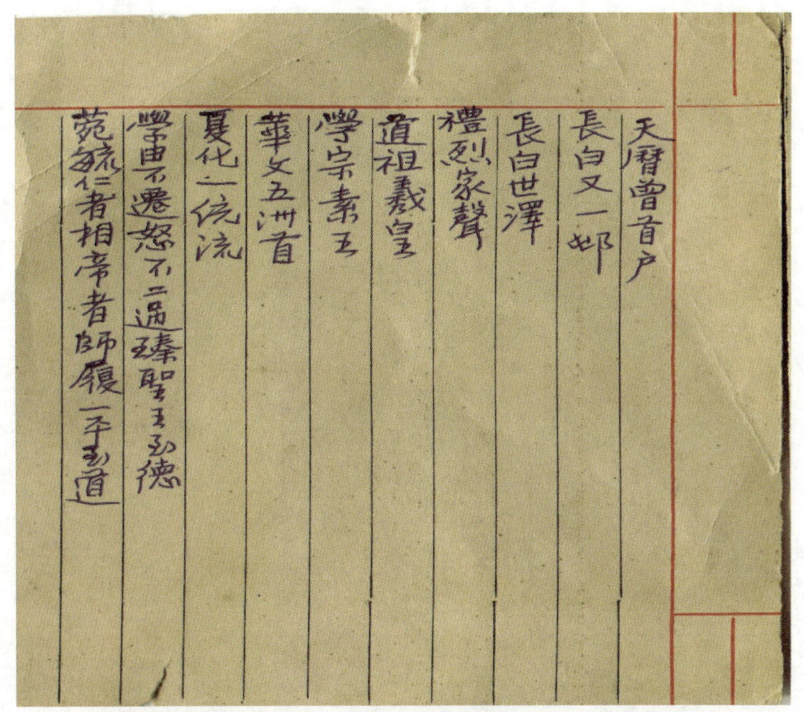

天曆曾首户
長白又一邨
長白世澤
禮烈家聲
道祖羲皇
學宗素王
華文五洲首
夏化一統流
學由不遷怒不二過臻聖王至德
菀毓仁者相帝者師履一平要道

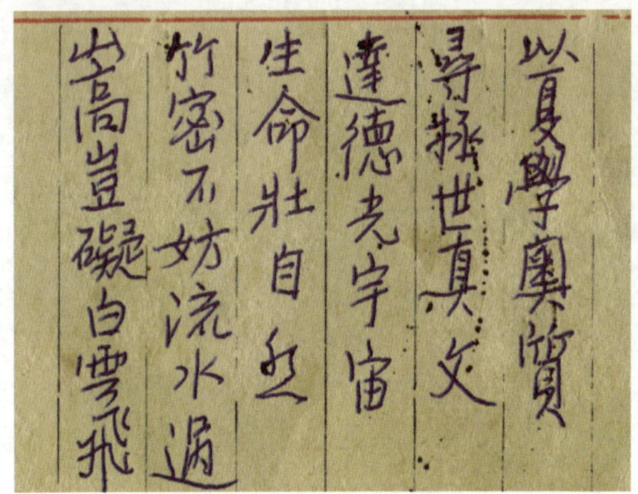

以夏學奧質
尋拯世真文
達德光宇宙
生命壯自延
竹密不妨流水過
山高豈礙白雲飛

**| 天历曾首户，长白又一村 |**

△ 老师曾在四十年前写了十六行字，这是老师的十六心传，老师四十年的教学和训诲弟子都在这十六行中概括，如“道祖羲皇，学宗素王”、“以夏学奥质，寻拯世真文”、“学由不迁怒不贰过臻圣王至德，菀毓仁者相帝者师履一平要道”等文字。

法雨大地大慈大悲称大士
山观观音观天观地亦观人
安仁居士敬書
音亦可观始信聪明难共並
佛何称士乃知儒释有同源
長白毓鋆敬書

懺悔只有一次，上帝赐福给不二過的人。你的所作所為合乎天意，自然蒙福，没有任何人可以替你代禱，更没人能替上帝赦免一人個的罪和祝福給你，所以必須自求多福。
1989
6.2日
0.20分

| **大慈大悲称大士，上帝赐给不二过的人** |

△ 老师虽以儒家人物自居，但也吸收佛教和基督教思想教义，择录一些启发智慧的至理名言，像常引用《圣经》的“发光作盐”来训诲弟子。老师也常勉弟子“有容乃大”，标举治学态度要能容。

# 献词

乘愿而去，乘愿再来

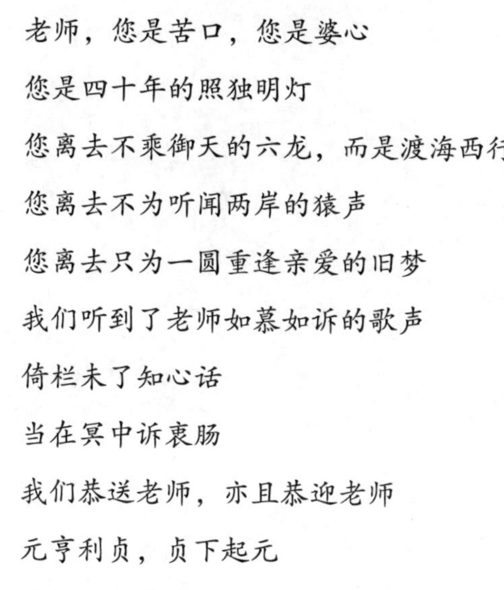

挥别的时候，您的唇角挂了一弯上弦月
舟子轻唱如莲花绽放的水声
老师，您是苦口，您是婆心
您是四十年的照独明灯
您离去不乘御天的六龙，而是渡海西行
您离去不为听闻两岸的猿声
您离去只为一圆重逢亲爱的旧梦
我们听到了老师如慕如诉的歌声
倚栏未了知心话
当在冥中诉衷肠
我们恭送老师，亦且恭迎老师
元亨利贞，贞下起元
我们相信您乘愿而去必将乘愿再来

# 孙 序

## 忆遗世独立的狂狷高士——毓老师

近日，仁图把他写的毓老师的传的初稿交给我，并邀我作篇序，因为我忝列毓老师的门墙，早期弟子，不好推辞，接受了这项任务。春节过后，正月十二日那天，从早到晚，整整一天，一口气读完了这本书。我之所以能一气呵成看完这本传记，有两个原因。第一个原因：我初次见到毓老师迄今已超过五十年，但对于毓老师一生行事，知道的非常有限，一看到这篇稿子，如同在沙漠中遇到甘泉，巴不得一口气吞下。另一个原因，仁图善于叙事，大事小事，巨细无遗，如行云流水般，娓娓道来，引人入胜，令人爱不释手。

人活在世上，总有是是非非的评头论足。即使圣人孔子也遇讥讽，遭批评。毓老师自然也不例外。对于毓老师也有些蜚短流长，暂且不管那些闲言闲语。他对于太师母的孝敬和对于师母的深情，仰天俯地，世间少有。

毓老师为太师母戒烟，我是看过毓老师抽烟斗、点烟枪的弟子。毓老师没说戒烟，就把烟戒了，一点难处也没有。世人戒烟者，天天在戒烟，日复一日戒不了烟，即使能把烟戒掉的，绝大多数是听从医师的警告：要抽烟，还是要保命。多数戒烟的，都是为保命的；毓老师戒烟是为报答太师母的慈恩。除了毓老师之外，孤陋寡闻的我，还没听说哪个戒烟者是为报答母亲慈恩而戒烟的。毓老师的戒烟与其说毅力过人，不如说出于内心对太师母的恭敬。

当毓老师得知太师母往生后，不信佛的他，发愿手绘千幅观音大士像，为笃信佛教的太师母做功德，这幅观音大士像是仿画圣唐代吴道子的作品。毓老师所画的这幅观音大士像，高一百三十六公分，宽六十四公分，是一幅不容易画的工笔大画。毓老师作画，一勾一勒，一笔一画，丝毫不苟，其艰辛可知。老师作画时，已年过七十,三日画一幅，一年画百幅，十年画千幅，需要多么大的毅力。为了要达到这个目标，时常睡不着，半夜醒来作画。画完这千幅观音大士像，毓老师已过八十了。老师以耄耋之年为报慈恩拼命作画，毫不顾自己身体。放眼世间，为人子者，为人女者，除毓老师之外，何人能够？

毓老师常当着弟子的面，忏悔式说出对不起两个女人。面对学生说出这样的话，可见他内心的沉痛。这两位女人，一位是太师母，一位是师母。老师与师母聚少离多，但师母的身影无时无刻不萦绕盘桓在他的心上。老师曾在课堂上读出师母给他的书信，无奈学生之中，没人能记下全文，也没有人敢追问他的伤心事，只有人记下了这六十四个字：

> 倚门闾而望穿云树，履林海而恨满关山；
> 两地相思一言难尽，花荫竹影满地离愁；
> 独对孤灯，一天别恨。

月夜，雨夜，无事夜，

饭时，眠时，黄昏时，

此六时之滋味不可言传。

由于情深，所以常顺口而出这段感人肺腑、悲切凄凉的文字。这段文字也展示了师母出众的才华，让我们弟子由衷敬佩。其实，老师到台湾时只有四十一岁，正值壮年，再娶一妻，何难之有？毓老师没有再娶，曾自我调侃说“上天没掉下礼物”。这话只是老师的戏言，千万不可当真。他没再娶，因为深爱师母，不得已而与师母分离，未料这一分别，就永别了，没能再见一面，再通一次信息，造成他刻骨铭心的痛苦。老师为不再娶，也曾提出辩解，说：“我们满族女子个性刚烈，绝不会再嫁，她不再嫁，我能再娶吗？不只女方要守节，男方也要守节呵！”要求男子守节，这是何等男女平等的思想。老师不但提出这样的思想，而且身体力行，不像有些满口仁义道德，见到女子，则行为不堪闻问的硕学大儒了。记得在洲尾村老师租的房子中，看到大红木床，在床帘两旁挂了一幅“不欲即仙骨，无情乃佛心”的对联。当时年轻的我，不知床边为什么要挂这副对联，如今方知为什么挂这副对联了。老师并非没有天下掉下来的礼物，而是情系师母，拾金不昧，把金放在原位了。像这样的爱情，当今有几人能够？

毓老师对太师母的孝敬，和对师母的深情与坚贞，是可为世人楷模的。

然而，毓老师究竟是个什么样的人物呢？读过仁图写的传后，心中一直思量这个问题。有一天忽然想到孔子说：“不得中行而与之，必也狂狷乎？狂者进取，狷者有所不为也。”赫然发现，毓老师就是孔子所说的既“狂”且“狷”者。什么是“狂”？“狂”就是志向宏大，积极作为。“狷”就是洁身自爱，有为有守。毓老师少年时立志“复国”，其后为“复国”而奔走。他的“复国”不是建立“满洲国”，而是要恢复大清帝国。这个复国志向不可谓不宏大。日本战败投降，他的“复国”大业也随之告终，且成了阶下囚，民国三十六年（1947 年）被国民政府送到台湾看管，毓老师虽然成为受监视的阶下囚，却立下了“以夏学奥质，寻拯世真文”宏愿——发扬夏学文化为拯救世界的公天下文化志向，设帐授徒，按部就班，迈向目标。北京清华大学副校长来台敦请老师到清华开设书院，不意老师突然坐化了。毓老师恢复大清、发扬夏学，这样的志向不可谓不宏大；于逆境之中毫不气馁，积极作为。这在在称得上孔子所说的“狂”。又终身不再娶、终身不再仕，不接受国民党当局的津贴和补助，靠着前来求学弟子的束脩，过着自食其力的简朴生活，洁身自爱，有为有守，足以称得上孔子所说的“狷”。毓老师就是孔子所称的既“狂”且“狷”的特立独行之高士。

为毓老师作传记很难，他不想身后留名，多次焚毁手稿，不留文字，多亏仁图，不惮烦劳，勤访同门，检索文籍，东鳞西爪，才写成了这本传记。这本传记使我们知晓到毓老师不为人知的坎坷一生，高尚的人格和伟大的爱情，同时也解除我们心中很多的谜团。

这不仅是一本毓老师的传记，也是一本启人心智的书籍。仁图若不发心许愿，是完成不了这本书，最后，在此向仁图敬礼。

2012 年 2 月 23 日　孙铁刚识于台北

# 张 序

## 思亲何需逢佳节

原来，思亲的丝线是如此难理的纠缠；原来，思亲的角落是如此辽阔——天宇苍苍茫茫，待抬头回首，冬去春来，阿玛已走了一年。

这时，我们少了阿玛的一家，才深深体会，感情最深的折磨莫过于丧亲，才知道失去一家之主的六神无主。

1968 年，我在台北就读高中，十七岁就有幸侍奉阿玛，但与其说是我侍奉阿玛，不如说阿玛照顾在学的我。我较常做的工作是洒扫房舍，洗衣服，帮曾经烟瘾不小的阿玛卷纸烟，陪伴阿玛从住处的内湖洲尾村坐船到对岸的馆子吃包月饭，以及打篮球。

真正说，我能侍奉阿玛是在娶了媳妇，阿玛有了两个小孙子，我们真正有了家之后。

我学的是法商，一批又一批的师兄姐从古籍中得到阿玛的智慧启发，而我们夫妇和孩子却从阿玛的生活言行中学得立身之道，也知晓阿玛所喜所爱。

阿玛度过一百零六个春秋，我在阿玛身边四十五年，许多人都很好奇阿玛如何维生养身，其实这也是我们夫妇最得意之处。

有文字记载阿玛来台打坐六十四年，阿玛一直吃素，其实不尽然。

阿玛在八十三岁罹患胃溃疡，还发现癌细胞，台大医院主治医生是台湾第一个院士医生、吴伯雄的亲姐夫宋瑞楼。宋医生说："非开刀不可，但是年龄太大，开刀很危险。"阿玛问："不开刀呢？"宋医生答说："不开刀更危险。"阿玛断然说："那就开刀啊！"

主刀医生是当时外科主任陈楷模，切掉了三分之一的胃。嘱咐不能太劳累，否则活不过三年。阿玛却痊愈如昔，还以为未来日子不长，越加用心费力。

我和媳妇在阿玛出院后，除了购买云南白药、抗癌宁让阿玛服用外，还建议阿玛两件事，一是打坐代替睡床，二是试吃一些合口味的食物。

阿玛以前就常打坐，打坐对阿玛来说，可说是习以为常，阿玛每天从晚上十一时打坐到隔日清晨四点。吃素对阿玛而言，是件难事。

阿玛从小只吃水菓，不吃青菜；海鲜不吃，阿玛嫌虾子腥味重，鱼类只吃鲤鱼，因为小时候宫廷为了防火灾，放置许多大水缸，养了鲤鱼。

阿玛也讨厌吃稀饭，喜欢啃杠子头（吃硬馒头）、酢酱面和大卤面，但酢酱面用豆瓣酱，吃久会腻。我们针对阿玛喜好蒸蛋的口味，将番茄加蛋、葱花、洋葱，调制成一种特殊的酱料。

阿玛病后有高血压、气喘小病痛，需要减肥，阿玛又有牙周炎，不能吃高钾食物，我们只让阿玛吃一个小馒头，将青菜烫水后剁碎，让阿玛吃菜当吃药。

阿玛过了九十岁，有头晕现象，阿玛喜欢蒜味，我们将蒜料加在起司片。

阿玛本来排斥西洋食物，九十五岁后好像脱胎换骨，开始尝试吃汉堡、意大利面、通心粉，尤其喜欢大蝴蝶结的通心粉，因为台北买不到，亲家母常从南部带上来；阿玛甚至尝试吃阿拉伯食物沙威玛，阿玛最后晚年也吃了一点虾仁和其他鱼。

我们看阿玛尝试吃各种食物，看阿玛有时连声说好，我们乐在其中。媳妇买菜回来，阿玛喜欢看看，媳妇解释一些东西不能吃，阿玛笑说："老小嘛，老来小，不能吃，看看也好！"

阿玛喜吃豆腐脑，水煮花生，我们把这份光荣工作让给他钟爱的孙子。当阿玛接过孙子买回的食物，笑颜慈祥可亲。

阿玛不吹冷气，温州街房子刚买时，屋主送了一台冷气机，阿玛习惯手摇孔明扇，三十多度的高温，身穿长袍的阿玛仍然优哉游哉，不开冷气，那台冷气机虽然已过三十多年，至今还是可以用。

阿玛泡茶，热茶放在客厅的矮桌上，矮桌有十几个突起的疙瘩。

阿玛衣服有些穿了几十年，棉絮硬了，冬天不保暖。2010年，我在北京瑞蚨祥衣铺，以自己的身长为参考，帮阿玛量制了一套新棉絮长袍，轻柔温软，阿玛十分喜爱，可惜的是阿玛穿不了一年。

长期照顾阿玛的台大医院医生陈淳、江福田、蒲永孝、周正成是阿玛得以长寿的大恩人。

阿玛一去，媳妇买菜做饭的兴致低落许多，两个孙子好似一夕间长大，话少了，沉思时间多了，脸上总有挥之不去的落寞。

睹物思人，我心伤悲。始信感情最深的折磨莫过于丧亲。

阿玛十分重视年节，元宵节要备元宵，清明节要有糕品，端午节得有粽子，中秋节少不了月饼，冬至的腊八粥不可无。阿玛晚年不能吃油腻食品，只能见孙儿大快朵颐，但阿玛却流露真乐神情。

每逢佳节倍思亲，阿玛去矣，思亲又岂需要逢佳节呢?

义子景兴谨识于阿玛周年前夕

# 刘 序

## 盘皇另辟天

2012 年 3 月 20 日，是毓老师逝世周年纪念，奉元学会的师兄弟们选五天后的周日下午，在台大立德会馆办正式追思会。

地下厅内群英会聚，由许仁图、张辉诚两位同门上台报告老师生平，以及他们尝试撰写传记的心得。阿图写的老师的传记已经出书。前一日我赴高雄授《易》，花五个小时讲节卦。涣（䷺）、节（䷻）相综，涣为风行水上，弘道四方，毓师立节凛冽，万古恒存。我意气一动，提及此事，结果在场学生踊跃购买。仁图师兄接到电话后，就近赶来送书，没等我下课又赶回住处矣！台北的美玲理事长稍前也决定先购一百本，让北部学生一睹太老师风范。习《易》多年，也该知道些经学统绪啊！

20 日当天，在北大修习博士的颜铨颍代表大家，飞赴辽宁新宾老师停灵处与当地士众一起祭拜，白山黑水常驻英灵，护佑华夏。期望当地整建早日完成，奉元弟子随时可组团前往探师，彼处也将成为儒门圣地，启发后学朝乾夕惕，行健不息。

这一年来，大家遵嘱成立了中华奉元学会，徐泓师兄扛起大旗，带领同门摸索前进，与清华大学国学院原订的合作计划虽不再可行，讲座及学术交流不成问题。孙铁刚师兄督导每周一次的读书讨论会，以整理毓老师讲学数十年的笔记为主，我不去高雄上课的周末都尽量参加，每次都有老、中、青三代约二十人认真讨论。迄今已整理完《中庸》，接着是《大学》与《论》、《孟》，今年应该可以在两岸出第一本书。《中庸》为大《易》之胆，这些年讲经，前年写《四书的第一堂课》已反复摸透，这回再看老师笔记，还有醍醐灌顶、恍然彻悟的感受。鸢飞戾天，鱼跃于渊，上下文理密察的功夫，我们不逮远甚！山不厌高，水不厌深，虽不能至，心向往之。

还在大学里修学的年轻师弟妹们，筹议成立台大奉元社，延续老师当年发蒙青青子衿的心愿，也便于调借场地，让学会在校园内讲解经史或申办活动。这是极好的构想，十年树木，百年树人，文化恪须往下扎根。晋卦（䷢）如日初升，自昭明德；升卦（䷭）地中生木，积小以高大；渐卦（䷴）山上有木，居贤德善俗。《易》中三个前进上进的卦，由个人而组织而化育众生，循序渐进，寓意深远。渐卦又有鸿雁齐飞之象，群行以序，往来以时，奉元志业是须组成雁行团队，一批一批分工合作，一代一代薪火相传。

六十五年前（1947 年），老师只身来台，由台东农校、华夏学苑、天德黉舍、奉元书院，乃至想在中国北方创设大书院的鸿图，种种用心，种种尝试，有的落空，有的略具规模，差强人意，他老人家有没有遗憾呢？去年 3 月 6 日我去参见老师最后一面时，他体气衰甚，一边吃力叮嘱，说他有全盘企划，一边叹息道：“人这个老啊！可真是……”稍前景兴师兄请他保重身体，他说不碍事，过过就会好，又说他不怕死，从年轻就枪林弹雨挺过来。我鞠躬告辞，走出地下室门口犹回头遥望老师，低头坐在椅上强忍身体不适的模样，心中非常不安。春寒料峭的天候，诡异多变的大壮（䷡）时节，所谓“丧羊于易，无悔”，天意真会这样安排吗？两周后，老师坐化仙逝，惊惧成真。

《易经》卦序既济（䷾）后终于未济（䷿），天化人变恒无止息；《杂卦传》将卦序重排，未济之后终于夬卦，宣称：“夬，决也，刚决柔也，君子道长，小人道忧也。”泽天夬（䷪）的卦象为一阴乘于五阳之上，距离六阳乾卦（䷀）只差一间，若能奋斗推进填满缺口，则返归天道，又重启“乾刚坤柔，比乐师忧”的大化流行。“天工，人其代之”，女娲补天的寓意在此。《系辞下传》次章讲文明演进，以离卦（䷝）结绳而为网罟始，继大过（䷛）丧葬死亡后，以夬卦书契文字为终，也是继往开来、开物成务之意：“百官以治，万民以察。”时代不断变革生新，文明创制永无休止，天罗地网重重无尽，后世圣人奋励自强，总期冲决网罗，更创新猷。其实，夬卦最上端的缺口永远存在，看似缺憾，也是激发豪杰之士不断奋发的根由。革命尚未成功，同志仍须努力，这一村过去了，又得有下一村，昔者俱往，焉知来者之不如今？

清代沈葆桢挽郑成功联：“开万古未曾有之奇，洪荒留此山川，作遗民世界；极一生无可如何之遇，缺憾还诸天地，是创格完人。”延平郡王反清复明没成功，礼烈亲王后裔的毓老师化成天下的志业才起步，缺憾且还诸天地，刚决柔的大气磅礴，凛冽万古恒存。

周年心祭吾师，内里回响的还是他当年那段激励诸生的壮语：“岂止日月易新悬？必也盘皇另辟天！”《易》赞“大哉乾元”，“至哉坤元”，毓述“奉哉人元”，弟子们敢不恪遵？

刘君祖

# 自 序

## 拼图忆老师

“你写的毓老师既传奇又神秘，近代人物罕见，内地跟港澳都不知道这号精彩人物，应该为毓老师作传。”香港天地图书公司董事长陈松龄兄和副总编辑孙立川兄印行拙著，看到毓老师的记载文字，建议说。

老师从四岁开始读书，读到一百零六岁，读书百年，读书之久，古今中外未见超过老师者，可说是传奇。

老师老年无病，头脑越老越清楚，智慧越老越圆通，四十一岁到台湾即从事教学，教诲弟子六十年，超过万人；老师诲人不倦一甲子和收徒之多超过孔子，不可不谓之传奇。

老师在毓庆宫当溥仪伴读，宫廷老师集天下鸿儒硕彦，陈宝琛、罗振玉、王国维、郑孝胥、叶玉麟、柯劭忞、康有为等人都是恩师，老师的师门渊源、风仪，当然也是传奇。

只有清华大学国学院旁听生学历的老师教导洋博士弟子读中国古籍约百人，老师的推荐函在美国的学术界，分量不下于学位证书，老师的洋博士弟子在七八十年代执外国汉学界牛耳，这份成就从来未有，以后也不可能有，说传奇当不为过。

第二次世界大战发动者希特勒和墨索里尼，东方人大多只闻昭昭恶名，未见其人，在伪满洲国当末代皇帝溥仪御前行走、掌管军机的老师，曾奉溥仪之命远到德国面见二人；老师还在“满洲”军官学校讲王道，听课的人包括日本前首相吉田茂和前韩国大总统朴正熙，老师的际会风云，绝对是脍炙后人的传奇。

国共关键性大决战在东北四平，四平是老师的封地，国民党要人蒋介石、李宗仁、陈诚、汪精卫，共产党的领导人周恩来、董必武，都和老师见过面，这也是传奇。

传奇说不完的老师，在台湾所收的万名弟子中，每人读书大多超过二三年，有的听了三四十年的课，但大家入门时，只知道老师叫“毓老”，离开也仅只知道老师是王爷，仍不晓是什么王爷。有师兄弟知道老师满族名字是“爱新觉罗·毓鋆”，却把皇帝赐给老师之名毓鋆的“鋆”字给念错了。

“天德黉舍”（后来扩充为“奉元书院”）弟子几乎全不晓老师在台湾的户籍登记名字是“刘柱林”；“刘柱林”不是老师父母的命名或老师自取，而是一个救命恩人的名字。“刘柱林”的名字是在老师开吊之日，才首度公之于世。

不只老师的真正名字，弟子不知道，“天德黉舍”的弟子也不晓得这四字的命名有缅怀大清先祖的深义。

老师在新店有座园子“静园”，弟子们依字面解读是“宁静之园”，不晓溥仪被迫离开紫禁城，在天津所租的最后行在就叫“静园”，整个复辟工作就在静园进行，“静园”是老师为纪念“伪满州国”而取的名字。

老师的神秘和他民国三十六年（1947 年）就孤身来台湾有关。老师上课常说“靠祖宗吃饭，谈背景，丢脸”；又在上《易经》

课讲到乾卦《文言》“初九”“潜龙勿用”：“龙德而隐者也，不易乎世，不成乎名，遁世无闷。不见是而无闷。乐则行之，忧则违之，确乎其不可拔，潜龙也”，即神色凛然，胸板拔直道：“在这翻天覆地大变局，老师这几十年来，守的就是这一爻。”

老师不喜浮世之名，不接受媒体采访，上课不谈自己出身背景，本人又十分威严，弟子们只知道老师十分神秘，却不晓得老师在民国三十六年（1947 年）来台湾，不是像 1949 年的国民党撤到台湾，而是当年的国民政府主席蒋介石，不敢大用老师，又怕被共产党争取过去，在三十六年（1947 年），继张学良之后，将老师监管至台湾。蒋家父子退据台湾，对老师仍不放心，派调查员伪装成弟子，监听老师的一言一动。

说传奇，老师不只当之无愧，而且是传奇中的传奇；道神秘，近代人物再没有比老师更神秘的了。

“我们万名弟子，只能在近代史舞台，浮光掠影地捕捉老师的身影，很难为老师立传。”我向孙副总喟叹。

“你虽然自认只能浮光掠影说毓老师，我们却感觉毓老师的风采霞光万道；为毓老师的神秘传奇作传，是你们弟子的责任。”孙副总说。

老师多次神情俨然自谓“不易乎世，不成乎名”，我们当弟子的自然凛遵师命，“天德黉舍”创办十年内，未见片言只语介绍老师。

我在 1971 年成为“天德黉舍”正式招收台湾的大学生弟子，只读三年书，台湾大学哲学系毕业后就离开师门。上世纪七八十年代，两岸局势紧张，前景未明，老师的行止出处十分谨慎，雅不愿弟子任意为文。1980 年，我发表《钟声二十一响》，在报章连载，其中一文约三千字感怀师恩，见诸报端时，我惶恐不安多日，生怕老师怪罪；老师晚年，两岸时局趋势于稳定，时变势异，老师训勉弟子“时乘六龙以御天”，不时鼓励弟子多写文章。

本书撰写时，我参酌了四十年来攸关老师的报导资料，只有高雄师范大学经学研究所首任所长黄忠天、前南华大学校长龚鹏程，曾经在台大哲学系任教的钟友联，以及王镇华、黄德华、黄宪宇、赖声羽、宾静荪、张辉诚等几位师兄姐寥寥数文。

老师长辞后，毓门弟子恭印了《毓老师纪念集》，百日纪念会又辑印《毓老师百日纪念会文集》，二书中也只见十数位师兄姐为文悼念，他们是李济捷、刘君祖、孙中兴、蔡明勋、林义正、周义雄、李蓬龄、陈复思、郭中翰、龙思明、曾百薇、吴益谦、吴哲生、薛丹琦等人。

我还请教老师义子张景兴夫妇和同门白培霖、王初庆、黄大炯、贾秉坤、周正成、吕世浩、陈文昌、张元、阮品嘉、张锦秀、吴荣彬、潘英俊、吴宏达、马康庄、颜铨颍、沙平颐、蔡济行等多位师兄姐；感谢吴秀贞师姐所提供的两张老师素描。

老师得以高寿，殚竭心力，为老师做菜的义子媳妇当居第一功。

孙铁刚师兄和义子张景兴应允为此书作序，十分感激。

徐泓师兄肩负“奉元书院”在中国的发展前景重担，两岸奔波，同门应致敬意。

老师在内地历经“逊位”、“复国”、“亡国”、“辞庙”，我未亲眼目睹，而老师在台湾作育英才的音容宛在，几次中夜醒来：那是战鼓震天，杀声四起的民国初期，那也是一个台湾孩子需要教养启迪的年代，我凝视眼前不清的身影，或武或文，或威或慈，我真不晓能拼成多少老师岳峙崖岸、神气清朗的风采图形。

我曾发表过感谢恩师的文章三篇，短的三千字，多的一万余字，本书虽写成，我仍自觉无能为老师作传，只是在老师作别人间后，多位师兄姐的哀思更深更浓，提供不少珍贵的追忆，让我得以多写了一些文字罢了。

由于大时代见证者、大时代参与者的老师，传奇且神秘，我对老师的传奇，所知有限，而有些神秘性的故实，学长又各有说法，我只能并存；因此，本书无法用客观性、历史考证式的第三人称叙述，而用第一人称来拼图追忆老师，我个人的身影难免入镜。

徐泓、孙铁刚、黄德华、白培霖、贾秉坤、刘君祖、吴荣彬、颜铨颖等同门师兄，帮此书作最后校订，老师一定会满心欢喜。

老师在 1998 年端午节晚上立誓："继成华夏天下，长白又一村。"故而书初名《长白又一村》（简体版改名为《一代大儒爱新觉罗·毓鋆》）。

天德黉舍弟子

许仁图识于 2012 年 3 月 20 日出版前夕

# 目录

## 一代大儒爱新觉罗·毓鋆

# 一

# 太祖天命溥仪康德

长白山连峰叠峦，绵延千里，坐落在中国吉林省东南，与朝鲜接壤。长白山的山顶是灰白色岩石，宛如长年皆白的积雪，每年入冬后，厚雪覆盖，满山皆白，在灿烂阳光照射下，闪耀银白色的光芒，而群峰之巅的天池，就像一块硕大的碧玉，镶嵌其上，熠熠生辉。

明朝嘉靖二十八年（1559 年），辽东边墙以东，长白山群峰环抱的赫图阿拉（今辽宁新宾满族自治县），一户姓爱新觉罗氏的女真贵族人家，诞生了一个男孩，取名努尔哈赤，这男孩就是后金政权的创建者，大清王朝的奠基人，被尊为“奉天覆育列国英明汗”，他的后代子孙尊奉为“清太祖武皇帝”。

我作此描述，好似着意在清朝史地的记叙，事实上，我正想象一个即将见面的老师，因为授课的堂厅悬挂了清太祖努尔哈赤的画像和“长白又一村”的字，不免意想一位台大学长所称的“毓老”是何等人物？

1971 年 10 月的某一周六早上七点四十分左右，我来到台北市卧龙街一户看似寻常人家。红漆木门前，按了门铃，端看门上两个“金寓”的小铁皮字。不到两分钟，左边偏门由内而开，我向开门的学长（陈文昌）点头说“来听课”。

我刚进门，后面陆续跟进不少我的未来同门学长。

这是一栋有围墙的二楼白色洋房，红门后有一个小花园，一楼左边是小型客厅，右边长方型地方，摆放了四行八排的褐色大学椅（后来听课弟子增多，为方便移动，改坐圆板凳，手拿写生图板）。

小客厅还悬挂了一幅字体很粗的木框横匾字，是清末维新运动的主导者康有为手书的“咏幽轩”。

长方形的堂厅向内一端正中央，有一个披了黄色胶布的长桌，桌上放笔架和几本书，正对整间教室，有一张大椅，椅上挂一方黑板，悬了“长白又一村，逊国花甲祭”的横字，对面墙壁还有一幅满人画像：凤眼，两撇八字胡十分长，清朝史书上常见这张清太祖努尔哈赤的画像。

我最早到，两眼好奇地凝视这三副字画，心想“毓老”果然来头不小。

几天前，一个曾在中国文化学院（今中国文化大学）哲学系念过书的高一届陈姓学长跟我说：“毓老要成立私塾招学生！”

“毓老是谁？”

“一个前清王爷。”

“开什么课？”

“《论语》。”

“哪儿？”

“他的住宅——在卧龙街嘛！”

我愣了一下，随口问了详细地址。

陈姓学长跟我只有几面之缘，他介绍我听毓老师的课，大概认为我需要毓老师调教。

我在1969年考上当时的省立中兴大学历史系，1970年重考辅仁大学哲学系，1971年转学到台湾大学哲学系，三年之间读了三所大学，由历史系到哲学系，又选修中文系，喜欢高谈阔论西方文哲作品。

台湾的大学文学院在上世纪六十年代末、七十年代初，盛行西方文史哲学，引领风潮的是志文出版社所翻译出版的“新潮文库”。

那时正流行诺贝尔文学奖得主黑塞、罗素、斯坦贝克、雷马克以及心理分析大师弗洛伊德、弗洛姆等人的作品；台湾大学哲学系又以符号逻辑、形而上学、知识论等西方哲学为授课主体。自由民主意识在校园滋长弥漫，刚过世的殷海光教授作品虽遭查禁，哲学系学生仍受殷海光的影响。中国哲学原典用文言文记载，有些艰深，自己虽然没好好读通一本书，却张口闭口线装书要扔进茅坑，大概就是这种无知又自以为是的猖狂，曾在中国文化学院听过毓老师上过论语的陈学长，才告诉我老师要收徒讲学。

可能是好奇心使然吧！都已经是1971年了，居然还有什么王爷、私塾，还住在一条名为“卧龙街”的地方，让我联想到诸葛亮躬耕南阳的卧龙岗；台湾高中课程有文化基本教材，每个高中生都读过《论语》，有什么好教的。

就因为好奇加上存疑，我只带了一个小笔记本，一派悠闲，想看看这个王爷到底有何魅力。

八点未到，所有位子都已坐满，慢来的坐在客厅的沙发椅上，还有人挤不进堂厅，就站在窗外。

上课前的气氛，迥别于一般大学堂。一般大学，同学在老师未来前交头接耳，高谈阔论；入门弟子，每个人都静静看着手中蒋伯潜广解的《四书读本》。

老师一进堂厅，我内心颤震凛然。一个人若是没有威仪，即使君王也望之不似人君。清宫影剧人物的王爷演来常见高贵气。老师一身长袍马褂，足蹬布鞋，头戴瓜皮帽，浓眉短髭，海下须长约七寸，乌黑而有光泽，右手戴一枚玉扳指，左手腕有一个极为漂亮的绿色玉镯，岳峙崖岸的风采，比戏剧人物更为慑人。

我慌忙和同学站起，恭敬鞠躬。老师右手轻摆道“坐，坐下”，同学相继落座。

我不知道这是老师首度公开招收大学程度以上的弟子，而我因缘际会听到了第一堂课。

普通大学新生开学，老师都会说些场面话或勉励的话。老师第一句话却直说：“什么是《论语》，《论语》是论道之语。论道就要闻道、知道，许多人未闻道，偏偏满口说知道。道有形而上的生天生地之道，也有形而下的修养、修行之道。天地万物都有道，天有天道，地有地道，人有人道，一个人有能力，就说这个人有道道。人能弘道，非道弘人，人之所以为天地之性最贵者也，就因为能弘道。孔子之道是什么？孔子自己说‘吾道一以贯之’，

《论语》是语录式文字章句，你必得有能耐一以贯之，才懂得孔子之道……”

一般人所知道的《论语》，就是孔子向弟子教诲的一本书书名而已，哪想到老师提起这两字竟然有那么宽阔天地、那么高深的道理。

老师接着进入《学而篇》的解读，从《说文解字》和《白虎通义》，解释“学”为“觉也”、“效也”说起，“学”要自知不足而仿效，君子和小人之别就在学，君子下学而上达，小人困而不学，老师突然问：“你们到这儿求学、做学生，什么是‘学生’？”

台湾学子从小学入学起，就当了学生，谁都知晓学生的身份，但大家直觉老师这一问，必有深义，面面相觑，不敢自曝其短。

“学生就是要学慰问苍生、造就苍生，为苍生谋啊！”老师给“学生”二字作了甚深微妙解说。

老师接着说“时”字，引孟子称赞孔子是集大成的“圣之时者也”，向我们清楚说明，孔子之学是“时”而非“仁”，仁是尧舜禹汤等圣贤相传的中国之学。

同学个个神色奋发，振笔疾书。老师连说四个小时，只谈了三个字：学、时、仁，直到周日隔天，又说了四个小时，才讲完“学而时习之”这一章的三十二个字。

老师一字一字解读，一句一句诠释，每一字都是活的，都有一片令人神驰飞扬的天地，每一句都有无尽藏的深义，老师把每一个字、每一行、每一句都说得通透，让大家铭记于心，拥有每一个字句的真义。老师依经解经，依孔子他章他句印证此章此句，没有游词，不像当时有些名师口沫横飞，只是在外绕圈子。我遂有一个感觉：真正有学问的人，一个字可以说很久，有终有始，有本有末，若能默识于心，这个字就成为你的；有些人讲半天却讲不出一个字，因为那个字还是仓颉的。

《易经》第四卦蒙卦（䷃），人生下来蒙昧无知，需要启蒙，二十多年来，我初次有了被启蒙的感动。那是多深的机缘呵！四十年来，我不时浮现深受震撼的那天启蒙情景，不时沉醉在老师解经的喜悦中，也不禁自责当年的疏略轻狂。

中国历代皇帝后妃中，我总认为最见道的劝学之言出自武则天：

> 无上甚深微妙法，百千万劫难遭遇。我今见闻得受持，愿解如来真实义。

这四句文字是佛经的开经赞，每一本佛书的第一页都有此赞，不只一般出家和尚尼姑诵经时念，修持有得的方丈、高僧诵经时也要念，这四句赞文就是曾当过尼姑的武则天（老师说武则天乾坤之道备矣）所说的。

老师的私塾教学，依经解经，是中国传统的书院教读方式。西方教育重视个体的独立思考，教师鼓励学子发问，借机启迪；中国传统教育大是不同，为人师表的老师，在先圣先贤承先启后的训诲下，不只要有望之俨然的威仪，更要有饱经世患的圆熟智慧，可以传道、授业和解惑。

由于老师和弟子间的知识、智慧、人生历练相差太大，中国教师的传道大都单向、由上而下的启发。我听老师的课，奋笔记录，一颗心沉浸于“学而时习之，不亦说乎”的喜悦中。

《论语》书中，孔子向弟子曾子和子贡说“吾道一以贯之”，老师一贯孔子之道来解读《论语》。我只听了《论语》第一章，就体悟老师已将中华文化的主流思想作了界说，也将孔学定了位。

老师这种逐字逐句深解的读经方式，和当时大学教课方式大是不同。我举老师和屈万里先生教读之不同为例。

屈万里学生不只当过台湾大学中文系主任，也当过台湾研究院的历史研究所所长。屈先生以治《诗经》、《尚书》闻名，我在大二选了屈先生在中文系开的《尚书》学分。

屈先生上第一堂课《尧典》“曰若稽古帝尧，曰放勋。钦、明、文思安安，允恭克让”，然后解读说：“曰若，发语词，无义。稽，考察。放勋，尧的名字。钦，敬谨。明，明达。文，文雅。思，谋虑。安安，和柔。允，诚然。克，能够。这句话是说，（我们来）考察古代的帝王尧，他叫做尧。他敬谨、明达、文雅、有计谋、而又温和，诚然恭敬能够谦让。”屈先生解说这段文句大约五分钟，偏向古文家说经方式。

老师说，古文每一个字都不同，各有其义，像“钦”和“敬”虽常合词“钦敬”，但二字有别。敬是体，主内，所以说“礼主敬”，“钦”指用事而言，以前皇帝诏书，后面两字“钦此”，就是好好敬慎其事，依诏书敬谨办事；“明”是容光必照焉，日月合字就是“明”，日月无私照，大公无私，多小的细缝，只要光能照进的地方，日月就照到那儿；“文”是经天纬地，能够经纬天地之人，才配称“文人”；“思”是虑深通敏，“思”不是多思、杂思，而是能虑深、虑深才能通达敏于事……老师将“钦明文思”四字，说了四个小时，几乎将每一个字解读一小时。老师解经，主讲今文家的义理。

同样一本古书、一篇文章，毓老师似乎以自己的人事阅历举证，把一句句、一段段经文完全活化了，可以用在日常生活上；屈先生的教法，则是把古文经典死翻译成白话，古文人物和事物离我数千年。遗憾的是，大学的古文教学，都是屈先生式的教读法。

老师曾说，能说出每一个字的来源、生命。深义，就是“大”；用无味的白话翻译、短浅的眼光看几千年大人物，就是“小”。

我一下子成为毓老师的超级粉丝，也成了台大课堂的逃课学生。

老师决定开设“天德黉舍”讲古书，招收台湾的大学弟子，没有新闻披露，没有在学校贴字条周知，只是通过几个曾在文化学院听过课的弟子口传介绍。

告知我这消息的学长当天没有到黉舍，而我竟然成为“天德黉舍”公开招收台湾大学生的首批弟子，听到了老师的第一堂课，这岂非“百千万劫难遭遇”。

老师告诉我们这些殊胜听课弟子，是“天德黉舍”第一班生。“黉”音 hóng，古代学校名，古代学校叫“黉宫”、“黉宇”，《后汉书·儒林传》云：“顺帝感翟酺之言，乃更修黉宇，凡所造构二百四十房，千八百五十室。”“黉宇”也作“黉舍”，我初时不认识“黉”字，还念成“学”舍。

大概看到我们第一班弟子“孺子可教也”，《论语》在周六、周日早上开课外，老师又陆续开了《孝经》、《礼记》、《尚书》、《诗经》、《周易》、《孟子》、《资治通鉴》、《孙子兵法》、《史记》等课。

台湾有句俗话，“呷好倒相报”，殊胜因缘不能独享，我领了几位好友进入黉舍，已经入门的师兄姐也呼朋引伴而来。

进入“天德黉舍”，我的心情稳定下来，不再疑惑，我知道自己的方向。

我对大学采行的演讲式教育功能打了问号。大学教学采学分制，两个学分就是一星期两小时，学子们学习受时数影响，只能作间断式学习，而多数教授讲师都用演讲方式教学，引用原典发表自己的研究心得，未必是原典本来思想，毓老师则是一字一字教读，切近原典原义。

“知止而后有定，定而后能静，静而后能安，安而后能虑，虑而后能得”（《大学》），我既然知止、知道自己的方向，于是决定定下心来，全心读经。每天早上大约四五点钟起来背经书，尤其是《易经》和《尚书》。

我还主动向老师禀报，希望有机会抄写老师上课的录音带，得到老师应允，常常未到台大上课，早上八点多就直到黉舍。

曾经沧海难为水，听了老师的课，很难再听其他教师只能把古文翻得通顺的课。

我对哲学系的必修和选修的课，几乎是应付性的。“中国哲学史”是李日章老师开的哲学系必修课，用的课本是冯友兰的《中国哲学史》。冯先生的哲学史，我没有阅读热忱，李老师上到宋明理学，期中考，我参考了好友范姓同学的卷子作答，不料范同学也没有好好看冯友兰的哲学史。某一天，范同学去上课，我缺课，李老师特别叫我的名字，要范同学传话给我，向他好好解释。我只好坦白，自己正全力研究经学，并引《易经·系辞传》的“穷理尽性以至于命”来解读宋明理学的源头。李老师不只原谅我，还要我代他上了一堂“中国哲学史”的课，我转述了老师一些说法，同学们大为惊奇，问我从哪儿学来的。

老师讲《大学》,《大学》就是“学大”，有容乃大,《大学》要学大公无私，容光必照；台湾大学当时学风崇尚自由，一些哲学系老师确是有容之士。

老师称赞屈先生内方外和，我们上《诗经》的课，就用屈先生的《诗经释义》，但老师和屈先生治学方式不同，大概跟受学经历有关。

老师说起他当年拜师情形。拜完师，送太老师楚、夹二板，漆红色，供于圣像前，小时严教，长后不受法刑，师严而后道尊，师要有严身之德；太老师赐皮线所串的百粒珠子，每日读百字，数着珠子日念百遍、背百遍。生书背成熟书后，太老师再开讲、回讲、提文，老师接文，如此教读方式虽然呆板，却十分深刻，容易融会贯通，老师很少引用注解，老师说：“书读百遍自通，孔子并没有教我们读《论语》读注解的。”

老师是清朝末代皇帝溥仪的伴读，教导老师的太傅陈宝琛和罗振玉、王国维、康有为、郑孝胥、叶玉麟、柯劭忞等人俱是望重士林的名师。老师设立“天德黉舍”已经六十六岁，读书六十年，老师说经，何止达而已，有些章文用今日的口语白话解读，比原文更通神，老师曾说：“会说话的人，可以把死人讲活，把活人气死。”

我且举《论语》五章为证。

《述而篇》，孔子批评子路：“暴虎冯河，死而无悔者，吾不与也。”老师说：“旱鸭子当救生员，死到临头还不觉悟，我不陪葬。”同学们听了忍不住笑出声来。

《为政篇》子贡问君子，子曰：“先行其言，而后从之。”老师解读只有四个字："先做再说。"

《子罕篇》子曰："譬如为山，未成一篑，止，吾止也；譬如平地，虽覆一篑，进，吾往也。"老师说："事在人为。"

《卫灵公篇》子曰："有教无类。"老师说孔子不知哪块云有雨，所以是云即一视同仁。

《季氏篇》鲤过庭，孔子向儿子孔鲤说"不学《诗》无以言"，老师解读："不学《诗》，不知人民受苦，就不能为老百姓说话！"

听老师说《论语》，我们会觉得好似老师在讲自己人生体悟和修为，或者说老师说《论语》有如孔子自道。我有个唐突的想法，若是孔子复生，坐在"天德黉舍"，听老师讲《论语》，必也"莞尔而笑"吧！

黉舍的师兄姐们不只沉醉在老师的智慧学海中，也喜欢听老师臧否人物、说笑话。

老师说，不谈政治，不成儒家，他为政愿学雍正，现代人批评古人古板冬烘，但是我们看现代官员连批公文都不会，只知道用一个"如拟"。越上面的越没学问，光会签"拟如拟"、"拟拟如拟"，雍正则在奏折上常批："知道了！"（吴敦义曾学布袋戏口白，批文"然也"，算是较有创意的。）

今人小说、戏剧常夸大杜撰故事情节，像大玉儿再婚、雍正更改遗诏，都宣传是"清宫秘闻"。老师生活在皇宫，没有秘闻，只有亲见耳闻，老师说，那全是杜撰。

明崇祯自缢于煤山。老师说，煤山不产煤，而是防备皇宫一旦被外敌包围，用作屯煤之地。崇祯自缢，不是临时起意，而是看好时辰才上吊，太监也陪吊，所以陪葬皇陵。

老师感慨地说，清朝为收服汉人民心，宣布吊死崇祯的树有罪，用铁链链起来。民国时解放此树，但奇怪的是，此树不粗，不晓是不是自觉罪孽深重，吊死了皇帝，三百年来，一直不长。老师又说，崇祯陵是清朝修的，光绪陵是民国修的，只有宣统没有皇陵，葬在公墓。

老师还说，我们常见的慈禧坐像，后面有既粗又壮的女子，这女子是慈禧的保镖，民装大脚，武功高强，折断烟杆刺人胸，一气呵成，被刺中者登时倒地。慈禧太后对人很凶，却十分溺爱狗，手中常抱狗，穿的衣袍颜色和狗的毛色相同。颐和园是给慈禧太后颐养天年之园。

老师也说了自己一则故事，有一天不慎掉入颐和园的水池内，挣出时，右手抓住一样东西，竟是商朝古玉镯。老师上课时，常带一琥珀色玉镯，不晓是否就是从颐和园池内抓上来那件商玉。

老师不吹冷气、电风扇，只摇扇子；老师穿深色衣摇檀香扇，穿浅色衣摇象牙扇，扇骨刻了《出师表》；扇子颜色衬托衣色，不是向慈禧太后学的。文化越久远越细致，中国古人一变天色就更衣。

老师的清宫典故，有些说法和别人不同，溥仪曾在《我的前半生》说，清朝宗室不论有无爵位，都在腰间系上一条杏黄色的带子。黄带子立于公堂可不跪，狱官打不得骂不得，不论地方官多么大，也没有杀黄带子的权力，只有“宗人府”才能秉承皇帝命令惩治，溥仪还说比黄带子支派要远些的爱新觉罗氏宗族，则腰系红带子，叫他们为“觉罗”。

老师对红带子的说法不同，腰系红带子，是因为这家出了皇后。老师母系钮祜禄氏最后的一位皇后是慈安，慈安立后，家族立刻扎红带子。老师的说法，红带子是姻亲关系，有别于皇室系黄带子的血亲关系。

老师也趣谈国民党怎么输了东北。民国初年，日本的科技高出国民政府很多，接收台湾时，国民政府军穿着草鞋，担着锅子脸盆，看到台湾人使用自来水，只要扭一下水龙头，水就流出来，也去买个水龙头，在墙壁挖个洞，以为这么一扭，水就来了。没有见过脚踏车，偷抢脚踏车后，扛在肩上沿路叫卖。

抗战胜利后，国民党大员接收长春时，大员坐着美国人送的飞机，穿了美国空军当时常穿的夹克到东北，全身打寒战。“满洲”那时已经使用打字机，老师已整理好清册，准备移交。国民党大员一到，却拿出算盘、毛笔、砚台，重新再做，二一添作五，拨来拨去。看见抽水马桶的水在流，以为坏了，把源头开关给关了，东北那时没有暖气房，水不流动就结冰，抽水马桶都不能使用。

南京政府要员也不了解东北的地方风俗民情，称呼用语。满人称母亲叫“奶奶”（音 nē nē），庶母叫“额娘”，祖母叫“太太”。东北人互称夫妻“内人”、“外子”。南方接收大员趾高气扬，目中无人，满嘴“太太”、“大嫂”，共产党却是地方话的“大娘”、“大姐”，感情在招呼中相对拉近。

老师喟叹道：中国地方太大，国民政府接收没准备，不少人借机牟财，连厨子都恨不得作省府委员。少尉以上军官即可出条子要日本女人。易帜两年多，东北乡下没看过国民党旗，没听过三民主义，“满洲”仍挂满洲旗，北方仍挂北方旗，共产党那时候没有旗，东北人不知道自己怎么是中国人。

老师还感叹说：国民党抗战一胜利就飞鸟尽、良弓藏，改编游杂军，将游击队、关东军、“满洲”军整编裁减，被裁军人没有遣散费，发几个钱连买车票回故乡都不够，东北军一夕间都投靠共产党的军队，给林彪接收了，林彪整合长城内外的八路军、山东的新四军及旧有的东北抗日联军、民主自卫军、自治军，合组成“东北民主联军”，亦即“新四野”。国共四平之战，林彪先期失利，整军后反攻，国民政府参谋总长陈诚不准再增新军，终被林彪打败于白旗堡，陈诚下台，时人有“杀陈诚以谢天下”之论。

不过，老师历经中国兵荒马乱的大时代，我们不了解当时历史背景，有些话听得模模糊糊的。老师曾经感慨说亨利不听他的话，否则情况会大不同。我们不了解老师怎么突然说外国人的名字，同门兄姐又习惯不发问，听了过耳即忘，不晓老师口中的“亨利”就是溥仪的英文名字，是英国老师庄士敦为溥仪取的。

老师曾去看有“状元夫人”、“东方第一美人”之称的清末民初第一名妓赛金花。老师说：“看赛二爷一次，一个大洋，招待干果盒有四色干果。”

赛金花在八国联军攻打中国时，救过慈禧太后，清末民初大官名流以见赛金花为荣，李鸿章、梁启超、谭嗣同、刘半农、张恨水都光顾过，《孽海花》作者曾朴单恋赛金花，鲁迅《中国小说史略》也提过赛金花的生平。国画大师张大千在1933年绘《彩云图》，“彩云”是赛金花的本名，1937年还镌刻入石。赛金花之所以沦落风尘和老师在毓庆宫受学的太老师陆润庠有关。

老师还有些话听来启发人的心智。老师见有人在公园遛狗，手拿小铲子和塑胶袋准备装狗大便，亦步亦趋，状极溺爱，老师说："你一定是个孝子。"那人问老师不认识他，何以见得，老师答说："你对动物有那么大的爱心，能对父母不孝吗？"

我们许多同门喜欢听老师道古说今的笑话，尤其是自嘲性或讽刺性的笑话，记住的比经书还多。老师近百岁时，豆腐吃太多，手指因痛风而变形，右手食指最上一节还弯曲，老师感慨说："上苍处罚人真周密，叫从拿粉笔的手指开始变形！"

《孟子·公孙丑篇》，孟子批评告子"不得于心，勿求于气，可；不得于言，勿求于心，不可"，老师说，这是孟子滑头之说，因而批评孟子能屈能伸，吃饱饭就能吹。老师突然问："什么叫'吹牛'？"同学一愣，未答，老师自解："嘴上有功夫，才能吹出一条牛！"

"世人最缺的是什么？"老师常要我们动脑子，但我们没想到老师给的标准答案："缺德"。

"什么叫纨绔子弟？"老师说："纨是最细的丝，用纨做裤子穿一次即破，是败家子，叫纨绔子弟。我有两条纨丝做的裤子。"

老师有些笑话，令人绝倒，如"英文不好，就不要一直说OK"，"为什么叫饭桶，因为桶子只能装饭。"

几乎每堂课，老师都有警语，可以当座右铭。我且简录几则：

> 乌鸦落在猪身上，看见人家黑，不见自己黑。
>
> 佛渡有缘人，学启有心人；天道之本然，即当然。
>
> 一段辉煌不叫事业，始终如一才叫事业。
>
> 台湾什么都有，就是没有享福补习班。
>
> 多见多闻，方能成事，不能自是其是；最笨的人多想几

天，也明白。

成功必在我，必好名，好名者必作伪，有志者必成功不在我，必修为互让。

群德重要，孤高自赏不能容人，必落单。

天下没有点石成金的事，都从琢磨而来。

知识分子不能乡愿，要能明辨是非。

宁拆一破庙，不破一家婚。

工程不必赶纪念日，顶天立地何必与桥争。

孔子为什么是圣人，因为孔子即之也温，人敢接近，才能成圣。

屈原众人皆醉我独醒；醒还跳河，终未醒。

不必找人算命，人生即不如意，想通即智。

不唱高调，能做人即好；岂能以道殉人，殉那些王八蛋。

作事事多，不作无事，光坐着只会胡思乱想，易老。

人不要忍，忍久爆发，难以收拾。儒家不谈忍，谈通志，先通一人之志，再通天下之志。通志不外乎好恶，民之所好好之，民之所恶恶之。

中国古时过来复日，今人过星期日，“来复”是《易经》复卦（䷗）卦辞“反复其道，七日来复”，多么有学问。

人在学习之中，毁誉等同价值；人糟蹋自己，锐气全无。

中国之学谈道，所以北方人不说懂，说“知道了”。

人有责任感，连睡觉都睡不着；人生短短数十年，要有成就必拼命。

成就者不简单，社会上的成就者都是刚者，守己不流俗，否则既得之必失之。

人贵乎成就，不贵乎牺牲，故智者明哲保身，以有用之身，用于有用之时。

真有抱负，先把自己造就像人的样子，否则谁也不听你的。

一国一党一人失败都有原因，无病不死人。

曲成乃圣人之范畴，造势乃英雄之范畴，故有失败之英雄，无失败之圣人。

一个人再厉害，也得死，也要变鬼，只能长相左右，

传道者要有宗教家精神，中国人此点最缺乏。

宗教给迷的人信，不迷的人怎么会信，所以叫迷信。

人不必话当年，心酸酸；人比人得死，货比货得扔。

文化讲不出来，但是人民可以让你低头。

中国最了不起的智慧是随遇而安，在任何环境都能安身立命。

儒家虽常不兴盛，却从不断。

现代教育的孩子没读懂几本书，比八股取士更愚民。

横行霸道者，皆为无知之人；现代人自以为是上帝之父，肆意批评人。

最笨的人是自己骗自己；害别人可怕，作践自己更可怕。

后悔的药最难吃。

老师过了八十岁，六经似乎可以作为老师的注脚。

《论语·里仁篇》子曰："能以礼让为国乎，何有？不能以礼让为国，如礼何？"孔子这句话原是说，能用礼让治国，那治国

何难之有呢？老师有一天感慨地说他的太祖礼亲王代善两度让国给皇太极和福临："能以礼让国，何有？"少了"为"、"乎"两字，文义大是不同，"能够用礼让国，对我礼王府的太祖来说，何难之有？"

《述而篇》子曰："默而识之，学而不厌，诲人不倦，何有于我哉？"老师学读百年，教诲弟子六十年如一日，此章是孔子之言，不也是老师的自述吗？

《述而篇》子曰："德之不修，学之不讲，闻义不能徙，不善不能改，是吾忧也。"老师引述孔子的四忧，来述说自己的四忧："德之未修，学之未讲；民之未胞，物之未与，是吾忧也。"

《宪问篇》子曰："君子道者三，我无能焉！仁者不忧，知者不惑，勇者不惧。"子贡曰："夫子自道也。"孔子在《论语》篇章，有些话其实是夫子自道；老师说《论语》，我们沉浸于百千万劫难遭遇的喜悦中，有如子贡的体悟，忘了老师在讲两千五百年前的古书《论语》，而是老师的自道。

《为政篇》子曰："吾十有五而志于学；三十而立；四十而不惑；五十而知天命；六十而耳顺；七十而从心所欲，不踰矩。"老师说他三四十岁处于兵荒马乱中，不知道。五十而知天命、六十而耳顺都做到了。七十而从心所欲不踰矩，所以七十岁才收女学生（老师创立"天德黉舍"已近七十）。

老师讲课都是单向教诲，听课弟子罕有人说话。老师有时会问，座中弟子虽然有的是大学教授，仍然不会回话，因为老师必有深义，谁都不敢接话。有一次，老师谈到"闻斯行诸"，问谁知道，没有人回答，老师那天心情不错，说："谁来说一说，让老师乐一乐。"在座弟子虽哄堂大笑，还是等老师自己说。

《易经》大壮卦（䷡）“九三”爻辞“羝羊触藩”，来知德注解“羝羊”是壮羊，有些注解却是母羊，到底哪个说法正确，老师说：“这要问孔子，孔子可能说，‘事隔多年，他也忘了！’”

我帮老师抄写录音时，有一天近午时分，看到老师从外面回家，讶异不已，眼睛发光，直看老师。

那是秋晚时分，老师身穿长袍马褂，外披黑色斗篷，头戴圆帽，手持竹杖。男子披黑色斗篷，我们多数人只在电视中看见蒋介石穿过，而且十分赞赏。

蒋先生个子比老师瘦小，披斗篷已十分气派，老师身躯较壮硕，加上黑髯长须，王者的风范更胜一筹，老师“嘿”的一声：“好看吧！”

“是啊，蒋先生披过，老师比他好看！”我直言道。

“哼，老蒋——”老师听到我拿他跟蒋先生比较，似乎有些不豫，但迟疑片晌，说：“民国人物，就只有老蒋和我披斗篷，连陈诚、何应钦都不敢穿！”

周义雄师兄曾陪穿斗篷的老师到新店海会寺，听老师叹道：“何处青山埋忠骨？”又从老师口中得悉在伪满洲国练兵概况，从老师语气，只有统帅才能穿斗篷。

自从进入黉舍第一天起，我们弟子门生，就对老师的出身、经历十分兴趣，但老师授课时，谈国运兴衰、人事沧桑，说故事谈笑话、道警句，就是不谈自己。有一天，老师还凛然道：“靠祖宗吃饭，谈背景，丢脸！”

我们有些同门师兄弟虽然和老师私下较亲，甚至和老师住在一起，对老师过往也所知有限。只知晓老师是王爷，满族姓名是“爱新觉罗·毓鋆”，至于是什么亲王，八旗中的哪一旗，也不清楚。(老师这一支系统领正红旗。)

不过，我们都隐隐觉得老师和蒋老先生有些关系。老师称呼蒋介石为“老蒋”，好像有些熟悉，讲课时不只一次口气严霜说：“老师在日本‘满洲国’时不做汉奸，在蒋家时代不羽仪‘朝廷’，当走狗！”老师甚至说了几句我们听来有些突兀的话：“有一些人来这儿听课，我说经文的时候，不做笔记，我批评政治，就忙着刷刷记录，惟恐漏了一句话。唉，我跟你们说，人不能做情报工作。一旦做了情报，一辈子不干不净，不能够翻身，都得听命帮他干情报，造孽啊——呵，我怎么会不知道，你们走过的路会比我长吗？”

1971年，内地的“文革”正如火如荼展开，台湾则大张旗鼓高倡“中华文化复兴运动”。老师讲四书五经，正是复兴中华文化的推手，蒋家父子褒扬都来不及，怎么会派情报单位冒充学生，来监听一个年近七十岁的老先生上古文课呢？

由于老师连讲四个小时，听课弟子大都利用学校课余时间，中间又没有休息，黉舍同学们匆匆赶来，听完课急急离去，虽然系出同门，多数人连眼神都未交会过，异性同学更没有人课前课后交谈的。老师对蒋先生存有芥蒂，并怀疑我们听课同学中有人是调查人员身份，我不免存疑。

老师不只对蒋先生不假辞色，有时认为我们弟子不成材，也会骂几句，说重话：

“我天天讲人话，竟教出一批浑蛋来！孔子是乐死的，我是气死的！”

“书是死的，能用才活，做出来的没有一个。”

“打牌通宵，猪狗不如，猪尚得睡觉养肉。”

“我教了几十年兵书都是白搭了，产官学没有一个成材！”

老师教出不少成名的弟子，有人当了“部长”，有人成为高级幕僚，有人是电子新贵，几千名员工的大老板，许多大学的校长、院长、系主任都是毓门弟子，怎么说没有成材的？师兄黄忠天说，老师喜欢招收理工科弟子，因为认为百无一用是书生，并主张“能为文而不为文人”，希望让经典真正发挥经世致用精神。

老师治“公羊春秋”，又出身礼王府，论学擅于为政之道。

老师不只讲经书，还讲《商君书》、《管子》、《人物志》、《孙子兵法》及《冰鉴》，老师常谈权谋用治术，教诲大异温柔敦厚之道：

为政三要术：要稳、要准、要狠。

能容多少人，才能领导多少人。今之“领袖”越领越锈住。

人必要有几分杀气，有威严才能镇住人；做事要非而不是，不按正规去走，才能出奇制胜；做人要是而不非，做事如迎敌，不能轻心。

民国以来最缺的是人，多半是两腿畜生。

不能看三步棋，就不能从政。为政要用智不能用情，因用智，从政者无情。

做坏事，还得说人话；越说人话，越坏啊！

人得要求自己，不要原谅自己，只有破釜沉舟，没有回头是岸。

成就事业，心得像铁一样坚，像水一样平。

求为自己可用之才，而非他人可用之才。

现在男人不像男人，对小孩子应有的态度是宁可养子教人骂，不可养子教人吓。

皇帝不能常露面让人看，神秘才能造神话，才能愚民。

今之台湾军事长官软绵绵，如无骨之蛇，还不能说王八，王八还有盖。

台湾不能根除贪赃枉法，即为政大过。

民主政治是洪流，清朝亡国不能怪谁。

老师威严慑人，讽世骂人，不随意见客，不接受媒体采访，所以老师四十年开班百余，收徒万人以上，各大学文学院师生都耳闻“毓老”之名，但社会大众却浑然不晓老师这号人物。

1974 年，我从台湾大学哲学系毕业，立即创立出版社，因业务繁多，没有时间再到黉舍上课，但一有空，我仍回黉舍向老师请安。

我曾在报纸连载政治短评，还写散文、小说、杂文，甚至写电影剧本。我几乎尝试各种文体创作，并构思武侠小说。

除了创作外，我也努力读经，但我从未想过写些相关经学、子学或史学的书。

我不敢做学问，因为自知自己不成材，老师几乎讲活了每一个古文字，我在老师渊博通神的学海中，偶取一瓢饮，就心满意足了。

1991 年年左右，我南下高雄某报社任职，并因缘际会踏入政界。高雄一住二十多年，回台北看老师的机会少了。

2006 年，我卸下公职生涯，并带了近百万字的武侠小说《大武林》向过了百岁的老师问安，我红着脸解释："子不语怪力乱神，我竟然只会写些怪力乱神的文字。"老师看过后，说是"实学"，让我更加惊喜的是，上课一甲子，绝口不谈祖宗身世的老师，慎重地告诉我，清朝的肇祖是"布库里雍顺"，老师是太祖努尔哈赤次子和硕礼烈亲王代善的第十一世裔孙，老师还送我几部书，其中之一是昭梿礼亲王所写的《啸亭杂录》，还有冯其利所撰的《重访清代王爷坟》。老师翻开代善的绘像说："我的鼻子像先祖代善，你看看像不像？"

老师还说，清朝中举人，门口挂一长杆子，贯穿一个放东西的斗子，是为了喂乌鸦。老师解释，清太祖努尔哈赤与明朝军队作战失利，躲进河沟，乌鸦遮蔽逃过一劫。斗子要挂灯笼，王府的斗子如果没有粮食喂乌鸦，就会削爵。满人不食乌鸦肉和马肉、狗肉，这是报本，感谢乌鸦曾救过清太祖，也感谢狗、马为清朝打下江山立了大功。

老师补充说，满洲人爱吃猪肉，如"扒猪脸"、"闷猪头"，祭祖拜拜时，猪头含着猪尾巴，就代表全猪，不必整只猪，蒙古人则吃牛羊。

老师并提了礼王府的趣事："曹雪芹写的《红楼梦》，写的就是礼王府的事，贾母是贾代善之妻，贾政是贾代善次子，贾宝玉又是贾政的次子，避讳长子，贾就是假的。"

可能我个人独身三十年，颠沛忧悔，上下浮沉，也学老师天天读书，老师鼓励我写些相关黉舍所学文字。

“不知道要快问！”老师向我叮咛道。

可惜的是，一生传奇的老师，有许多神秘的际遇遭逢，我问出的仍然有限。

老师是清礼烈亲王代善的裔孙，孙中山先生所谓的“满清鞑虏”；老师是“满洲国”之臣，内地和台湾教科书所批判的“伪政府”。老师上课不谈祖宗背景，我不免自己设限，蜻蜓点水似地请问；老师的阿玛（父亲）、太师母（母亲）和师母属私人感情，我更是迂回触及，不敢放肆，老师愿意说多少，我听多少。我感觉要真正了解老师，最好方式是请老师自己提笔自述。

不过，老师提到，康太老师（康有为）的老师朱九江曾说，写出的文字不能超越古人，就不必传，免得浪费大家的眼睛；老师还说，廿五史各朝代都有“艺文志”，罗列许多人和书，至今有几人、几本书留下来。老师叹气表示，如果要写历史，就不能说假话，说真话难免得罪人。老师某些话，常有更深的含义，像“天德黉舍”这个启发我智慧的私塾名字。

“天德黉舍”就字面来说，是“天有好生之德”，上天好生，生生之德就是“仁德”，老师字“安仁”，黉舍名“天德”。

老师向我提起，蒋先生曾派人问，为何叫“天德黉舍”？他虽回说“天有好生之德”，其实有另一层意义，《易经》乾卦“天德不可为首也”，天虽有好生大德，但都不能为元首，暗批蒋家何德何能为“元首”呢？

我自以为得到“天德”正解，常向一些师兄弟谈说，但马康庄师兄不久前却说：“天德是老师纪念清朝的用字。清朝开创太祖努尔哈赤建后金，年号‘天命’，清朝结束于溥仪‘满洲国’的年号‘康德’，老师取‘天命’、‘康德’上下各一字的‘天德’，为黉舍之名。”

我没想到在“天德黉舍”读经，四十年后才知道“天德”二字另有深义。

我也才醒悟老师曾经以“天德侍者”之名绘作观音大士像，上寿太师母百岁，莲池升座，署名的“天德侍者”有“祖宗侍者”之意。

我曾请问老师：“天德黉舍创设于不准结社的戒严时代，老师有没有遭到蒋家政权的关切？张其昀是不是帮了忙？”

老师犹豫一会，才喟叹一声，说：“张其昀帮了一些忙！”

1971 年，台湾仍是戒严时代，禁止结社自由，只有宗教能开讲堂说经，严禁私人讲学，“天德黉舍”得以突破禁忌，我推测曾经担任中国国民党秘书长的中国文化学院创办人张其昀暗中相助。的确，在禁严肃杀的年代，老师在课堂上直呼老蒋，批评蒋家政权，当时校园密布职业学生，总会有人上报。听说，蒋老先生知道老师批评他，有些不高兴，幸好张其昀极力回护说：“叫他（指老师）听话办不到，但他绝不会做坏事！”

但是，我后来发觉张其昀亏欠老师的可能更多，张其昀后来和老师走得很近，中国文化学院兴建大成馆时，委请老师帮忙监工，修到铺瓦阶段，经费已经不足，支票无法兑现，就请老师出面延票，承包商延了两次票，后来卖“王爷”面子，认捐了事。

张其昀是梁启超弟子，老师是康有为弟子，梁启超其实是师兄，张其昀拜托老师帮忙，称老师“同门”。

我本来有个冲动，想请问老师曾在课堂上痛责有情报人员混进黉舍，借读经来监视老师言行举止，是否真有其事，但话到唇边忍住了。老师既在课堂上公开指责，我若提问，不是对老师的斥责存疑吗?

这个心中的疑窦在老师猝逝后有了答案。台湾大学社会系教授孙中兴师兄，晚我几年进入黉舍，孙师兄在纪念老师的文章《从老亲王到太老师》说，他在 1975 年到新店宝元路的黉舍新址上课，上课前提早帮老师排椅子。有一天，某位师姐约他在上课前见面，首先表明自己是调查局的人，奉命关心老师，希望从他口中知道老师的平常言行。

蒋老先生在 1975 年 4 月 5 日辞世，孙中兴师兄在 1975 年入门，那位调查员师姐约孙师兄一谈，已是蒋经国时代了，由此看来，蒋家父子本人虽然不会对老师怎样，但是属下的党政军要员，在不能容忍台大哲学系建言开放言论自由的肃杀年代，发生了“台大哲学系事件”，调查局所派的调查员记录了老师在课堂上语气严峻说“老师在日本‘满洲国’时代，不当汉奸，老蒋天下，不羽仪‘朝廷’当走狗”，蒋家父子会因张其昀美言，就放了老师一马吗?

2006 年春节前夕，老师给了我一个答案：“蒋要杀我，谁也不敢保我；蒋不想杀我，什么人说什么也没用！”

老师往生前三年，大约每个月，我有幸面见老师两三次，每次三小时，老师曾嘱咐义子张景兴提供我必要的资料。我幸而看见几张老师写在月历或广告纸背面的字，其中有两行令人感伤：

天德：恐怖时代。好生。

奉元：解严。奉元复性，慈孝贞德。

我蓦然惊觉，老师的“天德”三义中，其中看似清楚明白的“天有好生之德”，却是老师对蒋家政权的恐怖手段，寄予企盼、蕴含谴责，要蒋老先生上体天德、好生不杀啊！

## 二

# 跪安不值钱

老师在 2011 年 3 月 20 日，以 106 岁高龄作别人间，台湾大学社会系教授孙中兴师兄为文追悼，道出了毓门弟子共有的遗憾与感伤："对我来说，太老师（孙教授的国中老师陈中庸也是黉舍弟子，孙教授后来也入黉舍，尊称毓老师为'太老师'）一直是神秘的，像万仞宫墙，让我难窥全貌。老师的姓名和生日，我一直没弄清楚，他过往的经验，也是到他逝世后才在网络上看到相关的记载。过去，我怯于请教和请问的，现在没有机会知道了。"

不只孙师兄怯于请教和请问老师的名字和生日，几乎多数黉舍弟子都不知道老师的名字和生日。

清朝在 1911 年夏历（老师说，中国年历源自尧帝，《尚书》

有“蛮夷猾夏”之语，“夏”是中国之称，《诗经》因而叫“夏声”，中国年历也应该叫“夏历”）十二月二十五日，由隆裕太后宣布清帝退位懿旨，中华民国并于公元 1912 年阳历元旦开国。老师就清朝王爷之位而言，阳历年元旦是亡国日，夏历年十二月二十五日又在春节前夕，清朝皇族从此不过年，老师曾半开玩笑说，中山先生不厚道，不让过年。老师生日在公元 1906 年夏历九月九日重阳节隔天，阳历年的 10 月 27 日。

老师在 1947 年，由国民政府主席蒋介石安排来台湾，“毓老”这个尊称，并非老师初来台湾的名号。老师在清朝皇族祖宗出生的龙兴之地兴京（今新宾县），办过“新民农校”，免费收穷人学生。老师初到台湾，住在草山（今阳明山）没多久，因缘际会到台东农校当了教导主任。

贵为王爷的老师初到台东农校，独自一人，心情郁闷，并未立即入境随俗，仍穿长袍（满人的长袍是常服，赴宴或开会才披马褂），农校师生一见老师服饰不同，气宇又非凡，探得老师是礼亲王裔孙，尊称老师“王爷”。

老师觉得他个人被移管到台湾，清朝也已亡国，再称呼“王爷”不妥。有人见老师署名“毓鋆”，改称“毓老师”，后来干脆尊称“毓老”了。老师那时才四十多岁，还不老。

因为“毓老”称呼习惯了，多数人会以为老师姓“毓”。

“毓”是清朝皇族贵胄的辈分。汉族文化常用伯（孟）、仲、叔、季来分别季节、出生排序；清朝皇帝康熙、乾隆读了不少中国书，并从汉字中找出最尊贵的十三个字，作为他们这一支系的皇族辈次，依序为胤、弘、永、绵、奕、载、溥、毓、恒、启、焘、闿、增。

“毓”这个字少用，《周礼·地官大司徒》中有“以毓草木”，“毓”通“育”。

清朝末代皇帝溥仪，辈次是“溥”字，老师名“毓鋆”，身为弟子的我们，很自然地认为老师名字中的“毓”字，是接顺着“溥”字而来。但徐泓师兄却指出，礼王府的辈次排序，非依康乾二帝所选择的胤、弘、永、绵等的排次。老师的“毓”字乃溥仪所赐。

老师是“爱新觉罗”的子孙，老师的姓即为“爱新觉罗”；“爱新觉罗”是满文的直译，“爱新”意译是“金”，“觉罗”意译是“族”。溥仪满族全名是“爱新觉罗·溥仪”，老师全名是“爱新觉罗·毓鋆”。

不过，清王朝入关后，为了统治人口多过满人数十倍的汉人，要求满人入境随俗，也要自行取个汉姓。像端亲王载漪的孙女汉名是“罗毓凤”，“罗”字取自“爱新觉罗”。许多满人为示不忘本，自认是后金子孙，汉姓“金”。老师认为既然要取汉姓，汉人武功以汉唐为盛，汉高祖姓“刘”，老师的汉姓就用“刘”字，但老师汉姓名字，似乎未曾透露过。

老师曾在中国文化学院哲学系当过系主任，校刊登载老师之名是“刘毓鋆”，老师早期的洋博士弟子尊称老师为“刘先生”，后期弟子也尊称老师为“毓老”。

“鋆”念“云”。上“均”，下“金”，多数人就念“均”，有一个师弟听我念“云”，纠正我要念“均”，我跟他说明：“我在老师跟前念‘均’，老师纠正念‘云’。”

“鋆”字更是少见，《玉篇》、《五音集韵》中“鋆”即“金”，老师解释即“美金”（美好的金子）。清文宗时就有状元叫章鋆。

老师曾向我说，“毓鋆”是御赐嘉名。我原以为，皇族贵胄子孙出生，皇帝就会赐名。老师合了生辰八字，缺金，当时的光绪皇帝赐个“鋆”字。

但白培霖师兄却记得老师说：“毓鋆”是在伪满洲国取的。当时溥仪为了要每一个满人都记得是后金的后人，所有人都取新名字，里面都有金。由此可知溥仪赐老师之名不是一个“鋆”字，而是“毓鋆”两字。

老师的阿玛则给老师命名“金成”，努尔哈赤建立“后金”政权，阿玛望子成龙，希望老师成就后金的盛世大业。老师说：“金成”是父命之名。

“金成”既然是父命之名，“金”就非姓，有些人因为满族人汉姓“金”的不少，就以为老师汉姓是“金”。卧龙街的“天德黉舍”挂有“金寓”门牌，并非老师姓金，而是事有凑巧，该屋主人是当时阳明山管理局金仲原局长的寓所，租借给老师。

事有凑巧的还不只一桩，老师曾告诉我，他的汉姓是“刘”，我不敢请教老师的汉名。老师的公奠礼上，我看到马英九的褒扬令，褒扬令开始文字是“当代经学家刘柱林，本名爱新觉罗·毓鋆”。

我初看，以为老师早年的汉姓是刘，名字是“柱林”，其实这也是凑巧。“刘柱林”是内地一个人的名字，这人救了老师一命，刚好也姓刘，老师为报答刘柱林的救命之恩，在台湾户政事务所登记的姓名，就用“刘柱林”。我知道“刘柱林”这个名字，也是在老师作古后才知道的。

中国人不只有姓有名，还有字有号。

孔子名丘字仲尼，当时可能不流行号。长辈对下辈称呼和自称用名，平辈或下辈对上称呼用字。

成年时，老师也给自己取了字“安仁”，取自《论语·里仁篇》子曰：“不仁者不可以久处约，不可以长处乐，仁者安仁，知者利仁。”

初到台湾，老师自号“安仁居士”，但一般人似乎称呼不惯。国民党撤退到台湾时，来台人士依身份、年龄大小，盛行用“公”、“老”尊称对方，我遇见名画家楚戈时，他才四十多岁，大家都叫他“袁公”。五十多岁的黎明工专老师潘寿康认识我时，我还不到三十岁，他叫我“许公”。老师是王爷，后来又蓄了漂亮的长胡，尊称“毓老”，顺口自然。

“毓老”是外人的尊称，老师自号“安仁居士”，老师有两枚常用印章，一是有乾坤画和龙虎图形的“乾坤龙虎”章，另一枚是“安仁居士”章。

老师七十一岁，遵母命“刊经籍广圣学兴治艺”，恭上太师母九十一岁千秋，印行《易经来注图解》，用的字号是“仁匄遁者”，“匄”通“丐”。八十岁将来氏易重印，定为《新校慈恩本周易集注》，跪上慈亲百寿千秋，老师的自号是“明不息者”。

古时父母在，不能言“叟”及“翁”，所以老师自号用“者”，父母不在了，老师才将“仁匄遁者”改易“仁匄遁叟”，“明不息者”改易“明不息翁”。

老师恭绘观音大士图，自号“天德侍者”；老师九十三岁，在满族龙兴地新宾县皇寺“地藏寺”的题字是“奉元老人”。“天德”、“奉元”是我们毓门弟子读经的私塾书院名。

老师的每一自号都蕴含深义，非熟读中国经典，不能了悟，像“明不息翁”取义自《易经》明夷卦（䷣）“六五”“箕子之明夷，利贞”、“《象》曰：箕子之贞，明不可息也”；箕子不臣周，老师以箕子之贞自况；“仁丐遁叟”是为仁而丐，“丐”原字作“匃”，有求之意，这个境界如同“仁者安仁”的安仁境界，有求仁得仁之意，而“遁”字是《易经》之卦名，卦的象辞曰：“天下有山，遁。君子以远小人，不恶而严。”老师以礼律身，守己甚严，无可议之隙，凛然不可犯，不恶声厉色待小人，小人自远。

老师的自号有哲理在，外间罕用此称号，“毓老”两字说来平顺亲切，以至于五六十年来，胡适、于斌、中国文化学院创办人张其昀，甚至孔老夫子裔孙孔德成院长都称呼“毓老”，而不少同门也异口同声“毓老”，这个尊称其实是不合弟子身份的，应该尊称“毓老师”才合宜。

我的一些同门师兄为表尊崇，行文偶尔会用“夫子”或“子毓子”的尊称。

老师与清朝末代皇帝溥仪同年生。溥仪于光绪三十二年（1906 年）正月十四日，生于北京什刹海边的醇王府，老师于重阳节后一天（夏历九月十日，阳历 10 月 27 日），诞生于今北京西皇城根南街西侧的礼王府。蔡元培所办的私人学校华北学院即租礼王府下院。

礼王府有个大花园，和圆明园都在海淀区。礼亲王四世孙福彭任职军机大臣，礼王府花园最早成园应在康熙年间。

曹雪芹曾祖母孙氏即康熙嬷嬷（奶娘，全称是“嬷嬷额涅”）之一，所以曹雪芹祖父曹寅为康熙的“奶兄弟”。

福彭与曹雪芹为亲表兄弟，曹家被抄家，曹雪芹曾住于礼王府，所以礼亲王花园也被写进《红楼梦》，成大观园原型。

民国以后，礼王府花园抵售给同仁堂乐家，更名为乐家花园，礼王府曾做孙连仲华北行辕、傅作义的司令部，中华人民共和国成立后，归八一中学，曾是民政部的办公室。

“乐”（樂）字中间有“白”字，目前的“白家大宅门食府”，占用乐家花园最好部分，“乐家宴食府”（原名乐家怡园），租的是乐家花园偏房套院。

据了解，“白家大宅门食府”兴建时，拆了一些夹壁，发现许多珠宝金银，乐家平白赚了一座大花园。

溥仪在三岁进入紫禁城即帝位，年号“宣统”，六岁进入“毓庆宫”就学；毓庆宫在今北京故宫博物院日精门内，斋宫之东，南为敦本殿。毓庆宫和斋宫为明代神霄、宏孝二殿所改，毓庆宫后来代上书房，成为同治、光绪两朝皇子读书之所，皇子一至六岁开始上学，老师进入毓庆宫当了溥仪的伴读。

清朝皇帝，因年幼坐上“真龙天子”宝座的是六岁的顺治帝福临，由礼亲王代善和郑亲王济尔哈朗辅政；溥仪接帝位才三岁，由他的阿玛醇亲王载沣摄政。

天子是否贤能，关系朝代的兴衰、兆民的福祉，天子的启蒙、培育是国家大事。帝王师的选择礼聘自然集众臣智慧严选。

曾有一部轰动一时的电影《末代皇帝》，拍摄的是大清最后皇帝溥仪的生平故事。这部荣获奥斯卡多项奖项的剧情片电影，由尊龙饰演溥仪，剧中的帝王师由曾主演过《阿拉伯的劳伦斯》而获得奥斯卡影帝殊荣的彼得奥图饰演。

《末代皇帝》剧情张力十足，观众很容易入戏，并因而认定溥仪的天子教席就是庄士敦。

庄士敦的确是溥仪皇帝的老师，1919 年入宫，他所教授的是英文和西学，溥仪向庄士敦拜师已是十三岁，也就是溥仪已在毓庆宫读了七年的中国传统典籍四书五经。

老师说，庄士敦喜欢吃御膳房的点心。有一天，邀请老师一起用西餐，餐桌上的马铃薯，老师未曾见过，太师母问午餐吃了什么，老师说“土豆”，太师母诧异道：“土豆？土豆不是喂猪的吗？”

庄士敦在 1900 年起，就当了当时香港总督的秘书，也当过英国在威海卫租界的行政长官。庄士敦游历了中国四大名山，对中国经史子集及佛经都下过工夫，甚至还钻研过唐宋诗词，说一口好中国话。

庄士敦通过李鸿章三子李经迈，以及曾任清廷太保、后来当了中华民国大总统的徐世昌推荐，成为溥仪西学教席。溥仪在十七岁结婚，结束了毓庆宫的读书日子，庄士敦被派去管理颐和园，溥仪在 1924 年被冯玉祥逼迫离开皇宫，庄士敦也回到英国。溥仪在天津、长春时，庄士敦虽然也曾专程探访，但只是做客性质，反观溥仪在毓庆宫的国学天子教席，不只深深影响溥仪，有的还一路相随，襄助溥仪“复辟”。

溥仪的启蒙，由太傅陈宝琛负责。陈宝琛二十岁点了翰林，三十岁当了内阁学士兼礼部侍郎，被称为“福建才子”；首选入宫的首批天子教席共三人，另外二人是中过状元，当过大学士，写了一手极好馆阁体楷书字的陆润庠，以及中过满汉双榜进士，负责教导满文的伊克坦。

随着溥仪年岁的增长，陆润庠死后，帝师后来又多了颇有文名的徐坊、少年就入了翰林的朱益藩以及辞章家梁鼎芬，被冯玉祥赶出紫禁城前一两年，又延请了郑孝胥、罗振玉、王国维等望众士林的学者。

这些帝王师，自然是毓老师的启蒙恩师，也是“天德黉舍”门下弟子的太老师。

清朝早期皇子都在上书房读书，宫中制度极严，每日寅时（早上三至五时）起床，卯时（五至七时）授课，其实是三时起床，五时授课；大年三十照常上学，但提早于辰正（八时）下书房。皇子六七岁入学即习武。

毓庆宫读书，不是单为溥仪而设，只因溥仪入毓庆宫读书，已经当了皇帝，所以溥仪成为“正读”，老师和其他皇子则为“伴读”。

毓庆宫伴读从每天早上八时至正午十二时。老师和其他伴读皇子每日寅时起来，先自行温书，溥仪在辰正才进入毓庆宫。

太傅见皇帝，不必跪安，挺直身子对视，就完成君臣相见之礼。伴读的皇子仍要跪安，口说“皇上吉祥”。

陈宝琛太傅性情和易，为人处事圆融，富于忍耐性，句句肺腑之言，老师认为陈太傅是清流派的领袖。

溥仪童幼顽性很重，不听劝，陈太傅无可奈何，常皱眉头说“君子不重则不威”，这句话出自《论语·学而篇》，意思是做皇上的不自重就没有威仪，溥仪读了《论语》这句话后，很快活用，每逢太傅说这句话，他就接了下句话“学则不固”。

陈太傅最令溥仪和老师不解的是不愿意洗澡。

科技未昌盛的年代，用水不易，要找水源，还要打水、挑水。一般人家，每个月分上浣日（上旬）、中浣日、下浣日各洗一次澡，每月共洗三次澡，有皮肤病的陈宝琛却认为人生一世只要洗三次澡，生下来洗一次，结婚洗一洗，死后沐尸一次。（老师还说，古人无牙刷之前，饭后男用酒漱口，女用香料，小孩以黑布擦口，传言黑色能消小孩之毒。）

陈宝琛有一得意门生佟济煦，当着皇帝的面，曾委婉劝陈太傅："老师，常常洗澡比较好，老师患有皮肤病，能常常洗个澡，一定很快就好。"

陈太傅涵养功夫确是了得，严肃反问道："你说的这番话，有些道理，不过老朽余年虽未经常洗澡，却也健饭如恒，可是你呢，却不断地洗澡，为什么还不免于时常闹病呢？"

北方天冷干燥，容易发痒、生皮肤病，就用如意搔痒。如意在古时功用可大，不只有止痒之能，后辈跪安，就用如意的头轻点后辈的头，祝他"如意"。

如意功能发挥最大者就是挑选皇后。

光绪在新婚前，由慈禧太后从无数对象中，给选出几个人来，然后再让光绪自己挑选。候选对象一个个站在光绪面前，光绪手拿一柄如意，看中了谁，便把如意递到她的手中，手持皇帝所赐如意的人就成了皇后，皇后就得了"如意郎君"。

天子教席对付任性的溥仪有时并不如意，但不敢面责天子，只好训伴读，让溥仪有愧。老师代溥仪受气，心有不平，难免有时跟溥仪吵架，甚至不管真龙天子贵不可言，竟然没有伴君如伴虎的感觉，有时还和溥仪动起小手脚。

天子读书，依例总有一个太监侍立一旁，太监就会在老师还未回礼王府前，赶去向太师母打小报告讨赏，说是小王爷欺负万岁爷，太师母一顿训诲，在祖宗前罚跪思过，在所难免。

老师出生虽比溥仪迟九个月，但比溥仪身体强健，在几个陪读皇子中，老师常领头气哭溥仪。陈太傅每逢溥仪掉泪，就命老师向溥仪“跪安”，老师一听，二话不说，就扑通跪倒，向溥仪请安，直说：“皇上吉祥！”

老师的跪安其实不是认错，老师常被罚跪祖宗，在太师母面前朗读经文，也是跪读，老师笑说：“跪安就跪安吧！反正跪安不值钱嘛！”

陆润庠是苏州人，1841 年生，同治年间状元，擅写一手极好的馆阁体。馆阁体是流行张挂于楼馆阁屋及科举试场文字的书体，这一书体特点是字形匀正、墨色乌亮。明成祖命令沈度书诏令文正圆润，成为标准的官体。清代益加工整，程式甚严。

陆润庠青壮年得意风流，与同是同治状元的洪钧结为儿女亲家。洪钧号文卿，陆润庠在苏州城上下塘，看中一个年约十四岁的画舫青倌（陪客不卖身的妓女叫青倌，陪客又卖身的叫红倌），名叫赵彩云，陆润庠竟然帮洪文卿牵了红线，赵彩云成了大她三十三岁的洪文卿的妾，八抬大轿迎进洪家大门的“状元夫人”。

洪文卿纳赵彩云为妾后的隔年，奉光绪令出使俄、德、奥、荷四国，成为钦差大臣。元配洪夫人是大门不出二门不迈的旧时大户人家，不愿随夫婿抛头露面，由赵彩云陪同洪文卿就任，赵彩云艳惊西方贵族社会，成为来往友邦贵族口中的“东方第一美人”。

柯兴所作《赛金花传》记载，赵彩云的西方贵族友人，其中之一就是帮助德皇威廉二世赶下俾斯麦首相的权臣德意志陆军参谋长瓦德西。（赛金花自传云，在德国她根本不认识瓦德西。）

洪文卿在1893年过世，才二十一岁的赵彩云就守了寡。十分不幸的是，洪家在洪文卿死后，决定将赵彩云赶出去，陆润庠不但没施援手，反而附和洪家决定，赵彩云被迫重操旧业，在上海成为第一名妓。陆润庠认为赵彩云艳帜高张，有损洪文卿颜面，设法逼走赵彩云。赵彩云只好北上天津谋生，在天津租了一家名为“金花班”的旧妓馆，赵彩云自勉要赛过原本的金花班妓馆，故而改牌“赛金花”。

赛金花为人颇有义胆侠情，与卢玉舫结为换帖拜把，时人称卢玉舫为卢大爷，赛金花为赛二爷，老师因此叫赛金花为赛二爷。

《赛金花传》记载，八国联军攻打北京，瓦德西成为联军统帅，两人重逢。由于瓦德西十分敬重赛金花，赛金花为中国讲了不少好话，劝说瓦德西约束军队，救了不少中国人。陆润庠在八国联军时被捉去扫大街抬死尸，也恳求过赛金花相助，放过陆润庠。赛二爷当时压倒南朝金粉，赛过北地胭脂，她斡旋议和，促成谈判，誉满九城，但八国联军过后，中国起了翻天覆地大变革，赛金花竟然躲不过算计，一个妓女的死竟然推说是为赛金花逼死，三十一岁的赛金花下了大狱。后因慈禧太后的关心，赛金花才给释放了。

陆润庠在1910年任东阁学士，辛亥革命后，成为溥仪的师傅，授太保。

影响赛金花一生的陆润庠成为帝师，对顽性甚重的小皇帝溥仪一点辙也没有。有一天，平素谨守君臣分际的陆润庠，见溥仪淘气不受教，突然发出晴天霹雳吼声，大喝道：“不许动！”

溥仪贵为天子，平常再怎么胡闹，臣仆都只能低声下气忍受。溥仪哪想到陆润庠居然喝令他不许动，他呆愣半晌，乖乖坐好，按部就班习字读书。老师笑说："皇帝再高贵也是人，有时也会欺善怕恶。"

陆润庠在1915年过世，年七十四岁，在毓庆宫当帝师只有三四年。陆润庠死后，又请了徐坊、朱益藩和梁鼎芬三人。

溥仪欺善，有时会作弄老师。文名甚盛的徐坊眉毛很长，溥仪常夸奖说："老师的眉毛长得真好哇！"徐坊听皇帝称赞，不免眉飞色舞起来。

有一天，溥仪计上心头，有意开老师一个小玩笑，一面夸说，一面手摸老师长眉，出其不意将其中最长一根眉毛给拔了下来。

溥仪纯属好玩，不料徐坊不久就死了。太监就嚼舌说："徐老师的寿眉被万岁爷拔掉，怎能不死呢！"

成为天子教席的帝师后来又陆续增加不少。其中较有名的是郑孝胥、罗振玉、王国维、康有为、柯绍忞、叶玉麟等人。

《新元史》撰著者柯绍忞，在民国成立后，就成为溥仪侍讲。经陈宝琛引荐入宫成为帝师的罗振玉、王国维、郑孝胥，时间大约在1923年至1924年。溥仪在1924年被赶出紫禁城，所以罗振玉、王国维、郑孝胥三人为溥仪和老师等伴读在毓庆宫讲书，为期时间只有极短的一两年，多数时间在天津张园。郑孝胥女婿叶玉麟和康有为太老师只在张园为溥仪和老师等伴读讲书。

老师评论所有太老师中，郑孝胥最严厉。教授《通鉴》的郑孝胥书法非常有名，徐志摩、林语堂、曹聚仁等弟子，都能弘扬郑派书风，郑孝胥还是《辞源》最早编写人。

郑孝胥早起，自号"夜起庵叟"，书斋名"夜起庵"。在天津时，郑孝胥要伴读的皇子住在宰相府，早起迟了，太监会以热毛巾包脸拉起来。

老师拜康有为为师，学的是“公羊春秋”。

公元 1898 年，光绪皇帝发布“明定国是诏”，宣布实行新政，变法图强，重用康有为、谭嗣同、梁启超等人，参与变法维新。三个月内，康有为根据光绪授意，发布不少新政诏书。慈禧太后终而出面干预，史称“戊戌政变”，光绪皇帝遭囚禁，谭嗣同等六人被杀，康有为、梁启超逃往国外，前后不过百日，史称“百日维新”。

康有为逃往日本后，自称持有皇帝的衣带诏，组织保皇会，反对革命。辛亥革命后，康有为于 1913 年返回中国，主编《不忍》杂志，宣扬尊孔复辟，一直谋划溥仪复位。1917 年，康有为和效忠前清的北洋军阀张勋发动复辟，拥立溥仪登基，但没几天即在北洋政府总理段祺瑞的讨伐下宣告失败。

老师曾画南海先生（康有为字南海）讲经图。老师并未拜梁启超为师，梁启超和老师是师兄弟关系；百日维新当时叫“康谭变法”，而非“康梁变法”。

康太老师的书法自成一格，他写给老师阿玛的《咏豳轩》，老师为追悼亡父和追忆师恩，带到台湾，加框悬于课堂中。

不过，影响老师最大的是太老师王国维。

太老师王国维在十八岁曾留学日本，民国成立后，在北京清华大学国学院当导师。王国维以治文学及殷墟书契闻名于世，他写的《人间词话》、《宋元戏曲史》是大学文科的教本。清宫延请王国维入宫教读，老师成为王国维弟子。

王国维主张复辟，恢复清廷，上课时慨然以匡复天下为己任，慷慨陈词，溥仪和老师都不免动容。

1925 年，清华大学国学院聘请王国维、梁启超、陈寅恪、赵元任（《教我如何不想他》的歌词作者）为“四大导师”，王国维请示溥仪后就任，讲授经、史、小学，并研究汉魏石经、古代西北地理及蒙古史料。

王国维特别指示老师旁听。老师因而说，他是清华大学第一个旁听生，他的学历就只有“清华旁听生”；梁启超当时也在清华讲《墨辩》，老师曾前往旁听，有些学者如梁启超弟子张其昀就称老师是“同门”，老师笑说梁启超是师兄。

1927 年 5 月 2 日上午，传来年仅五十一岁的王国维于颐和园昆明湖溺毙。

民国成立十余年，王国维仍一心眷念前清王朝，发犹结辫，都未剪除。国民革命军北上，将入北京之际，王国维在此时自杀，多数人认为王国维忧心满怀，以“经此事变，义无再辱”的忠节，自沉而死；同在清华国学院当任导师的陈寅恪，却认为王国维“五十之年，只欠一死”，是为“文化殉节”。

王国维死讯传到老师耳里，当时情况不明，老师以为遭人暗算，悲愤莫名，腰插双枪前往。

王国维尸体捞起时，发现内衣遗书。老师坐在颐和园除了惋惜伤痛，心里想着：“一个学富五车的人，临到用事时却沉湖了，留下了些什么？”“天天教别人救世的人，为何不能自救，这岂非矛盾？”

老师认为，恩师王国维的书写得很好，可以算得上是中国近现代最杰出的学者，在文史哲诸方面，都有划时代的成就。后人都当成专门学问研究，但实学却说不上，读书著作与行事合则智，分则愚。“讲道容易，行道难呵！”这使老师有了警惕，也有了志向。古书是死的，能用才能活，古书不能当死书读，要当智慧书读，以古人智慧来启发自己智慧。

太老师王国维字静安，又字伯隅，号观堂、永观，浙江海宁人。生平著述六十二种，批校古籍逾二百种。梁启超称他为“学界重镇”，郭沫若誉之为中国现代文化的“金字塔”，鲁迅说：“要说国学，他才可以算作一个研究国学的人物。”

太老师王国维之死，使老师更加体会太师母的教诲苦心。

老师先前给自己取了“安仁”的字，写在纸上恭呈太师母，原以为太师母会美言几句，太师母却在“安仁”二字旁，另加二字“慰苍”；“慰苍”之意，慰问天下苍生之谓也，为学若不能慰问苍生，只是记诵自高，无益世道人心，学而何用呢？

综观老师拜师求学的过程，应该算是单纯清楚：老师六岁进入毓庆宫成为溥仪伴读，常将溥仪气哭，太傅要老师跪安。但溥仪在伪满洲国结束后，被押于抚顺战犯管理所，其撰写的《我的前半生》，却写了伴读“只有毓崇一人”，后来再加上亲弟溥杰，所以有人怀疑老师可能没有在毓庆宫伴读，而是在天津张园伴读。

尽信书不如无书，《我的前半生》是忏悔录，溥仪在引言中说“我写的这本书就是我前半生所走过的既肮脏又见不得人的一段丑恶经历”，且形容自己是坐在“毁人炉”式的皇帝宝座上。溥仪笔下的老师大臣个个都是封建余孽，像写太傅陈宝琛吹嘘胡说，经常痴人说梦般发表那个自画自赞式的“治国平天下”的杜撰思想。溥仪形容因“复国”有功，赐葬清太祖陵寝旁的郑孝胥是伪满洲国成立的罪魁祸首、汉奸总理，连老师认为书呆子的罗振玉，溥仪都用“臭名仅次于郑的罗振玉”。

溥仪写他的上半生其实脑筋是清楚的，像现在许多被告，常把自己的犯错推到一些死人的身上，尽量遮掩一些仍存活的亲朋好友，所以对伴读强调“最初只有毓崇一个人伴我读书，后来又加上了溥杰陪我读汉文，我叔伯溥信陪我读英文”。

小孩子读书要有伴，雍正选皇子集中在上书房读书，有时候一天不只看一回。同治后，皇子移到毓庆宫读书，溥仪虽已成皇帝，也不可能像今日家教式的一对一，或一对二的教学。

老师说，他十三岁背完经书，太师母还斥他“别的皇子十二岁就背完，你为什么多花一年，没出息”，就因为毓庆宫伴读有几人，老师自己就曾说，伴读不止一人，而他常领了几个皇子气哭溥仪。“跪安不值钱”这个调皮捣蛋的说辞，大概也只有小时候在皇帝面前跪安的人才说得出。

老师于 1979 年在温州街买房，客厅天花板上的浮雕，老师说是仿当年毓庆宫的模式。

老师传奇又神秘的一生中，我对老师是否在毓庆宫伴读的谜题，提出了个人的第一个看法。

常人认为，能当皇帝的伴读，是祖上有德。老师的确祖上有德，泽及后代，先祖和硕礼烈亲王代善两度以礼让国。

清朝太祖努尔哈赤未预留遗嘱，没有宣布继承人选，只指示有实力继承大位的八王一个共推原则，当时最具实力的就是老师的太祖代善。

努尔哈赤长子褚英英勇善战，企图心强烈，但性情孤傲，心胸狭隘，锋芒毕露，容不得不同意见，报复心强，更容不得他嫉恨的人。努尔哈赤虽知褚英心术不正，处事不公，仍命令他代管政务，可惜褚英不能珍惜，阳奉阴违，威胁和自己关系不好的弟弟、大臣，扬言他继承汗位后，将全部杀掉。努尔哈赤得悉真相，先是收回权力，令他闲住家中。褚英仍然不知悔改，诅咒父亲、弟弟和大臣。努尔哈赤不得不逮捕监禁，并意识到褚英存在，他百年后，势必危害整个后金政权，不得不下令将年方三十六岁的褚英处死。

褚英死后，次子代善居长。代善战功彪炳，重大战役如萨尔浒之战、伐乌拉之战、灭叶赫之战、攻蒙古之战、辽沈之战，代善居功厥伟，被努尔哈赤封为最高一等的“和硕贝勒”，序称“大贝勒”。

代善八个儿子中，其中四个儿子岳托、硕托、萨哈廉、瓦克达，都是声名远播的年轻骁将，再加褚英长子杜度已成名将，在父亲横死后投靠代善，代善依实力、年岁排序，都是大位的不二人选，兄弟也都无异议推举他，但宽厚的代善却认为八弟皇太极最适合。皇太极是四大贝勒的四贝勒。代善召集诸位贝勒，向皇太极出示劝进书，皇太极再三坚辞。由于代善坚决支持，皇太极才登极大典，后人尊为“清太宗”。

太宗崇德八年（1643 年），在位十七年的皇太极去世，继承大位的人选有三人，礼亲王代善、睿亲王多尔衮和肃亲王豪格。代善又是继承第一人选，可代善却又提出年仅六岁的皇子福临继位建议，且以大贝勒、皇太极长兄身份，召集诸王、贝勒、贝子，共立皇太极第九子福临继位。

代善以礼让国，中国从古以来，能以礼让国的只有周文王的伯父吴太伯和商朝末年的伯夷叔齐，后代君王只见争国，岂闻让国？皇太极在公元 1636 年建国号曰“大清”，改元为崇德元年。福临登基第一件事，即册封大贝勒代善为“和硕礼亲王”（“和硕”

是满人崇高尊敬之词）。

“和硕礼亲王”的“礼”字得来何其不易，中国皇帝赐封亲王，自古以来就只有一个礼亲王。

不过，代善二度让国，虽然被册封为至高无上、天历首户的礼亲王，但儿孙对父祖一而再让国，尤其让给年仅六岁的福临，不免不服。

代善的次子硕托和三子颖亲王萨哈廉之子阿达礼，也就是代善之孙，十分不满稚子福临为帝，阴谋拥立睿亲王多尔衮为帝，由于二人有意发动政变的动作十分猖狂，代善见此祸将至，断然举发，结果代善所喜爱的次子硕托及妻和孙子阿达礼及其母，全以结党助逆罪名伏诛。

努尔哈赤为了政权安定，不得不处死长子褚英，代善也为了稳定大清江山，二子硕托和孙子阿达礼都正法伏诛，代善可说付出了惨烈的代价，康熙帝称赞代善“大义灭亲，比烈周公”，追谥“烈”号，因而，代善爵位全名是“和硕礼烈亲王”，老师曾说太祖代善的谥号“烈”，得之何其惨烈。老师上课时曾感叹“看破世情惊破胆，万般不与政事同”，因为祖先政治立场不同，亲手杀死儿子、孙子，谥号才取作“烈”，这就是“世情”，“看破世情惊破胆，万般不与政事同”即针对此事而发。

1986 年的春节前，老师在台北新店的“静园”贴上的对联是“天下众生仁者寿，世间凡事礼为尊”，不仅缅怀先祖的礼让传家风范，也沐手薰香敬告天地，此生无负礼王府的行仁门风。

附记：

太老师王国维遗嘱原件珍藏于北京国家图书馆，广州博物馆系借展，行文竖写，共八行，是写给三子王贞明的书信：

五十之年，只欠一死，经此世变，义无再辱。

我死后，当草草棺殓，即行藁葬于清华茔地，汝等不能南归，亦可暂于城内居住。汝兄亦不必奔丧，因道路不通，渠又不曾出门故也。书籍可托陈（陈寅恪）、吴（吴宓）二先生处理。家人自有人料理，必不至不能南归。我虽无财产分文遗汝等，然苟谨慎勤俭，亦必不至饿死也。

五月初二日父字。

三

# 长白世泽礼烈家声

天历曾首户
长白又一邨

长白世泽
礼烈家声

道祖羲皇
学宗素王

华文五洲首
夏化一统流

学由不迁怒不二过臻圣王至德

菀毓仁者相帝者师履一平至道

以夏学奥质

寻拯世真文

达德光宇宙

生命壮自然

竹密不妨流水过

山高岂碍白云飞

老师在天德黉舍授课时，书内常夹几张小卡片，记录一些感想或他人文句，鼓励入门弟子之用，我在1973年遵照老师指示，帮师兄姐们印了几令相同卡片。

上文十六行字分正反两面，写在卡片上，“以夏学奥质，寻拯世真文”以下记在背面页。

这十六行字的“长白又一邨”在1971年的横额，改了一个字，写成“长白又一村”，纸色发黄，应是在1971年以前所写；老师虽写于四十年前，但这十六行字已绘出了老师在台湾的后半生蓝图以及未来必须践履的志业。

“天历曾首户，长白又一邨；长白世泽，礼烈家声”，《论语·尧曰篇》，有“天之历数在尔躬”的句子。努尔哈赤建立后金，被尊为“奉天覆育列国英明汗”，即奉天以一家成一朝，所以老师说他的先祖是“天历曾首户”。长白山是清朝先祖龙兴之地，满人以长白山作为象征。老师得以进入毓庆宫伴读，得名师培育成治世人才，即“长白世泽”的遗泽，礼烈亲王泽被的家声。

老师何其幸运，生为天历曾首户的爱新觉罗子孙，当礼烈亲王代善的裔孙。

老师又何其不幸，生在大清皇朝的末代，成为末代皇帝的伴读，和溥仪共尝亡国之痛。

老师曾感慨说，他在三十多年中，就亡了三次“国”。第一次亡国，老师只有六岁。

辛亥革命成功，清帝逊位，妥协中的“中华民国”于1912年1月1日诞生，孙中山先生于南京就任临时大总统，但大公无私的孙中山先生迫于袁世凯威胁，2月15日退位，临时参议院选举袁世凯为第二任临时大总统。

袁世凯当总统仍不满足，有意称帝。杨度的“筹安会”在袁世凯教唆下公然鼓吹帝制。11月15日，国民大会代表选举，赞成君主立宪，推戴袁世凯为“中华民国皇帝”，定明年为“洪宪元年”。

袁世凯称帝，并未还政于民，“民国”只是虚名，不过是满人皇帝换成了汉人皇帝。

民国成立，老师的祖父认为无开国气象。袁世凯称帝，穿绿色龙袍，老师见之像蛤蟆。人心不服，反袁兵四起，加以列强干涉，众叛亲离的袁世凯忧郁羞愤而死。袁世凯主政期间，不论内治外交，可说是每下愈况，处处民不聊生，饥民兵变，动辄数万，纵横豫、皖、鄂、陕、甘五省，东北、华北、长江地区在1914年至1915年间，兵变成为常事，最少四十次以上，遍及十余省。水灾、旱灾、蝗灾不断，官吏虐民、军人暴戾，又假借严禁军令、查缉乱党之名，任意诬陷诛戮。军阀为虐，尤胜于法西斯主义者。

有些东北人滋生怀念大清皇朝统治情绪，某些政治人物于是出现复辟言论和行动。

1917 年 7 月 1 日，老师十二岁，长江巡阅使兼安徽督军的张勋带兵进入清宫，拥护宣统“御极听政，收回大权”，但军阀段祺瑞实力远在张勋之上，7 月 3 日在天津马厂誓师讨伐张勋，7 月 12 日，攻入北京，张勋逃入荷兰公使馆。7 月 13 日，宣统第二次退位，老师可说是目睹了第二次“亡国”。

老师没有预期到还有第三次的“亡国”，而在第二次“国亡”后，已经长大的“亡国之君”溥仪在苦难中，竟然还有宽解的喜悦时刻。

张勋事变后，曾任清廷太保的徐世昌总统，竭力维持优待清室条件，段琪瑞也说复辟非清室本愿，乃出于张勋矫挟，宣统可以照旧在宫中称帝，溥仪因而得以幸运地在十七岁（1922 年 12 月 1 日）于皇宫举办大婚，老师参加了中国封建王朝最后一次的皇帝大婚庆典。

辛亥革命后，清朝皇帝宣统逊位，革命军与清廷签订《清室优待条件》，条文有八款，最重要的是前面三款：

第一款：大清皇帝辞位之后，尊号仍存不废。中华民国以待各国君主之礼相待。

第二款：大清皇帝辞位之后，岁用四百万两。俟改铸新币后，改为四百万元，此款由中华民国拨用。

第三款：大清皇帝辞位之后，暂居宫禁，日后移居颐和园。侍卫人等照常留用。

《清室优待条件》承认大清皇帝仍留有尊号，也就是仍尊溥仪为皇帝，居住在原居的紫禁城，溥仪如外国之君，清室内运作不变，朝仪如昔，由于岁用为中华民国政府拨用，清室人员即为中国人。

既然溥仪是中华民国承认有如外国之君，溥仪的大婚之喜不可轻忽，当时中华民国大总统黎元洪，在完婚前，先将一份厚礼送到未来皇后婉容的家，还派总统府大礼官黄开文为专使，在陆军中将王恩贵、韩泽暐以及陆军少将和上校各一名的随同下，向溥仪呈递了如对外国君主之礼的正式贺礼。

中华民国对大清皇帝溥仪的大婚，尽了“敦睦邦交”之仪。迎亲时，皇室的正副迎亲大使庆亲王和郑清王穿着旧日礼服，手中执节，骑在马上，捧着圣旨；中华民国政府派来的步军统领衙门马队、警察队马队、保安队马队簇拥保护，昔日的清室皇族和中华民国穿戴着军警制服的人员，严肃且和谐地走在北京马路上迎亲。后面随着一顶黄缎银顶轿和三顶黄缎银顶车，以及龙凤旗伞和鸾驾仪仗七十二副，四架装有印玺和皇后礼服的黄亭和宫灯三十对。

溥仪的婚礼可说是辛亥革命以后的最热闹庆典。散居各地的前清大臣遗老遗少，纷纷赶来上表称贺，图书古玩乃至金银财宝堆积如山。不只满族王公汇集，蒙族王公也不远千里而来。人山人海的庆贺者从乾清宫的丹陛排列到乾清门外，大多数人看不到溥仪的脸，只是在遥远地方磕头如捣蒜。

其实不独北京人当时对帝制不排斥，舆论也有倡言保皇和君主立宪主张，对未来中国政治体制是民主或君主仍未有定论。

中华民国官员上自总统，以及有些先前在清朝居官者，对清室仍十分尊崇，甚至可说是眷恋。像镇压“五四”运动时的总统徐世昌，曾任清朝的太保，在溥仪选后时，将女儿的照片送给溥仪参考。溥仪结婚那一年的生日，徐世昌总统派去的专使是总统府侍从武官长荫昌。荫昌曾在清末当过陆军部尚书，他完成专使仪式后，严肃地说："现在我还要代表自己给皇上行礼。"于是跪倒在地三跪三起，共磕了九个头。

不只这些中华民国大官对溥仪行君臣之礼，像奉系军阀高级将领张景惠（后来继郑孝胥后当伪满洲国国务总理），也曾身穿高级大礼服，在端康太妃生日时，跪地磕头称寿。

不过，溥仪高高在上，接受兆民磕头称万岁的日子不长，婚后不到两年便告终结。

1924 年 9 月 22 日，冯玉祥带领三万多兵力，攻占北京城，囚禁贿选的总统曹锟。第二天，升任为国民军总司令第一军长的冯玉祥宣布，废除《清室优待条件》，将溥仪逐出紫禁城。溥仪被迫回到醇亲王府，但是住不了几天，就得到醇亲王府不安全的警讯。

民初一些不容于当权者或夺权失利人物，常会请求外国势力保护，梁启超维新失败借助日人东渡日本。张勋复辟时，当时总统黎元洪逃入日本使馆。张勋复辟失败，逃入荷兰使馆。

溥仪的英国老师庄士敦主张住到英国公使馆，他出面求助，英国公使麻克类以馆舍狭小难容多人为辞拒绝。庄士敦又跟荷兰使馆、德国使馆洽谈，西方使馆无一接受，不得不转向日本，日本公使馆愿意安排，溥仪遂避居于东交民巷的日本公使馆内。

暂居日本公使馆终非长久之计，溥仪听从老师之一的罗振玉建议，派朱汝珍到天津寻觅住处，结果看中了清末湖北省提督张彪在辛亥革命后下台所建园子。这个园子本名"露香园"，因张彪所居，被称为“张园”。1925年2月，溥仪抵天津，入住张园平远楼，于张园门外挂出“清宫驻津办事处”匾额。

溥仪被赶出紫禁城，觅居租贷张园，不少忠于溥仪的清朝宗族心中不舍，主动前去要求轮流值班，保护溥仪，口中仍尊称溥仪为“皇帝陛下”，把“张园”称呼“行在”。

1927年，张彪病终。溥仪在1929年改搬到同样坐落在日本租界内的“静园”。静园本名“乾园”，是驻日公使陆宗舆的住宅，溥仪入居改名“静园”，取“静以养吾浩然之气”义，也有在此“静观变化”、“静待时机”之意。

溥仪的第三次“复国”在形势使然下酝酿，而老师也在阿玛和太师母的全心栽培下，走出高墙围绕的紫禁城和礼王府，向海外的世界探头取经。

西方产业革命所带动的变革，尤其船坚炮利的军事力量迅速膨胀结果，不只引发了世界各国的大变革，几个军事强权并且扩充军事力量，不约而同地指向未能随时势变通的中国。英国在清道光年间，开始凭借武力要求中国开放通商，双方议和不成，1841年，中英战争发生，中国战事失利，签订《南京条约》。

《南京条约》后，美法效尤，要求利益均沾。随后的半个世纪，列强陆续侵略中国，直至十九世纪初。

中国面对列强无休止的侵凌，出现了太平天国的反清事件，清廷内部在忧患中开始学习洋务的自强运动和维新运动，但都未能成功。

十九世纪初的列强中，军事强国在东方是明治维新成功的日本，西方则是德国的希特勒纳粹政权。

日本明治维新，高唱“尊王攘夷”。尊王是巩固皇权，攘夷是防卫欧、美，所采政策为守势。中国有鉴于维新运动强兵之术，“以夷制夷”遂成为有识之士的共识，军事强国的日本和德国成为取经最佳对象。

十九世纪初期，日本以学习法西斯思想，享誉国际的学校，文的是专门培植贵族子弟的东京“学习院高等科”，武的是军官育成所的“陆军士官学校”。

远赴日本学习军事，次数较频繁的，浙江奉化的蒋介石先生是其中之一。

公元 1906 年，也就是溥仪和老师出生那年，十九岁（1887 年 10 月 31 日出生）的蒋先生东渡日本，暂入东京清华学校，同年冬天返国。

1908 年，蒋先生再赴日本就读东京振武学校；1909 年进入日本陆军第十三师团第十九联队实习，为士官候补生；1912 年 3 月赴日学习德文，为留德准备。

1913 年讨伐袁世凯失败，蒋先生赴日本见孙中山先生；1914 年，第一次世界大战爆发，蒋先生又赴日本向孙先生复命；1927 年 9 月，蒋先生赴日本考察日本对华政策。

蒋先生在 1906 年到 1927 年的二十年之中，来去日本次数频繁。

溥仪被驱离紫禁城，住在天津时，也决定师法“以夷制夷”故伎，让弟弟溥杰和内弟润麒一同投考日本陆军士官学校。据末代皇弟溥杰云：日本陆军以“投考士官学校必须由中国政府（即国民政府）担保”为由拒之。改名为“金秉藩”的溥杰只好改入“学习院高等科”就读。大溥杰二三岁的老师，比溥杰早一步进入“学习院高等科”。

溥仪长大，十七岁大婚，和溥仪岁数相同的老师，婚事自然也有安排。老师在童幼时，依照“祖制”，定了亲，爹娘在老师伴读告一段落后，不只安排老师留学日本，还决定老师带未婚妻同行。

清朝皇帝贵胄都是亲上加亲，老师这门亲事也不例外，遵照满蒙通婚祖制，老师未来的福晋（夫人）是蒙古格格。

太师母是咸丰皇后的侄女，未婚妻是咸丰皇后的孙侄女，太师母和未婚妻都是“钮祜禄氏”，未婚妻和老师同年生，比老师大几个月，是老师的表姐，老师的未来岳父就是自己的舅舅。

老师常说，满族孩子生下来就仰躺而睡，后脑勺十分平直，这是因为清代官帽后边是平的，所以让小孩子睡成平脑勺，以便长大后好戴官帽。而蒙古姑娘常见肉饼脸，他担心未婚妻的长相，就是一张肉饼脸。

清朝皇族婚姻，订婚后自六岁就不让见面，老师少时有几分好奇，盼能相见未婚妻一面。

老师有一个亲姐姐，个性强悍，老师要东西，姐姐就是不给，老师不客气就抢，有一次抢了一把梳子，老师笑说：“那把梳子可值钱！”姐姐虽然吝于给亲弟弟东西，知道亲弟弟想见未婚妻，却挺身而出，笑说：“这还不简单，我邀请她过门，到咱们府里走走，你不就可以看嘛！”老师雀跃不已，以为得计。谁晓轿子一到，未婚妻的丫环上前团团围住，老师只看到未婚妻的发顶。

老师跟嬷嬷说，想看未婚妻一眼，要嬷嬷设法，也未如愿。嬷嬷没带人来，却带了一幅画来，说是未婚妻画的，老师使性子说：“不看！”嬷嬷说：“先看看再说吧！”老师虽然赌气说不看，还是好奇看了一眼：“咦，画得比我好呢！”

清宫有清画家画院，许多知名画师则在圆明园内的“如意馆”教画，如意馆内有许多好画，但都不署名，老师在如意馆学画。老师的画作和赏析都有一定水准，不意未婚妻画得那么出色，虽然不得相见，却也多了几分更美的想象。

老师和师母第一次见面，大约在十七八岁左右，溥仪被冯玉祥逼离紫禁城那个时段。

老师曾讲一个挨太师母骂的往事。

老师在十六七岁时，听说北京天桥好玩又好吃。天桥有好听的戏，也有不少礼王府未吃过的菜肴。

老师看天桥有左府菜（左府是左宗棠之府），却没有曾府菜（曾国藩），笑说曾国藩白活了，一生没吃过好菜。老师吃了回人的羊肉，觉得味美极了。回礼王府后，有人向太师母打小报告，太师母问：“去哪儿？”

“天桥！”老师知道东窗事发，太师母定然知道他的去处，从实招来。

“做什么呢？”

“没花红柳绿！”

“这我知道了，还有呢？”太师母续问道。

“到回回店吃了羊肉，比咱们府里做得好吃！”老师实话说。

“什么？回回的羊肉比咱们礼王府烧得好吃？”

太师母的声音高了起来，老师知道事坏了，不晓如何收拾，幸好嬷嬷出面打圆场：“以后不要去天桥，以免吃坏肚子。”

太师母吃初一、十五的菩萨斋，平时素菜多，太师母又常命婢女磨珍珠粉让老师吃，在府里的菜色吃久了一定腻，老师从小就不喜欢吃菜，偶然吃回人做的羊肉，当然感觉新鲜味美，脱口说出实话，没想到差点闯祸。

由这个挨骂往事推知，老师可能是结束毓庆宫的陪读不久，即安排往日本留学。

老师成年后，对这门童幼所定亲事并不反对，但总希望在高唱自由人权的时代，应该先见未婚妻一面再说吧。

老师想起师母绘画不错，就邀师母来礼王府看他的画作。

看到师母，老师用了“亭亭玉立”四字形容。师母看画时，适巧传来脚步声，师母一惊，藏进一个大柜子里。

日本的“学习院高等科”是“华族会馆”设立的华族学校，招收中学生，男女并收，招收对象是各国贵族子弟，男女分校上课。有一说法，老师伴读，带有溥仪所赐的徽章，日本当局对老师背景调查得很清楚，竟然派了一个官阶为“大校”的武官，帮老师开门，还安排了一个年龄和老师相近的女秘书陪伴；老师在紫禁城当溥仪伴读，没想到留学日本，竟然有女秘书伴读。

日本女秘书对老师温顺体贴，深情款款，终日随行，未婚妻有一天向老师说：“干脆纳了吧！”

满人王爷一般娶一个福晋（亲王正室），可以再纳三个侧福晋，未婚妻才出此言，老师即正色说：“礼王府三代不纳妾。”又说：“日本人想登堂入室啊！”

日本人安排女秘书当伴读，对老师未来动向高度关切，老师也看出日本人的军国主义昂扬，对中国必有企图，自己此话不只安了未婚妻的心，更警示未婚妻，日本人别具用心。

老师曾诙谐笑说：“这辈子最大的遗憾是，没摸过日本女人的手。”又说，他曾到日比谷公园：“有人只看一眼，也终生难忘！”但不知说的是哪一个女子？是否那女秘书？

老师的警觉是正确的。也进入毓庆宫伴读的溥杰，先入“学习院高等科”，再进入日本“陆军士官学校”，且在日本人干预安排下娶了日本女子。

老师小太师母二十岁，老师上有一个亲姐姐，所以太师母成婚大约在十八岁，而老师也可能在十八岁到二十岁之间和表姐完婚。

老师从未提及自己结婚情况。老师出生于礼王府，为礼烈亲王代善裔孙，结婚对象是蒙古格格，老师又是清朝末代皇帝溥仪的伴读，恩师个个名重一时，这样的身世背景、人际脉络，与溥仪的大婚固然不能相提并论，至少称得上是热闹风光吧！

老师自认多才多艺。结婚后，人逢喜事精神爽，常常吊嗓子唱起戏来。师母只是掩着嘴巴笑，有一天，师母笑说：“五音不全，天天唱。”

师母的家学是“选学”(《昭明文选》)，不只四六骈文写得好，唱戏也十分出色。满人贵族常自办票戏，不对外开放，而要募款，募款所得买窝窝头救助穷人。师母的《三娘教子》唱得尤其一绝。老师承认唱输师母，就逐渐不唱了。

其实老师的歌声不错，师兄吴荣彬曾听过老师唱原住民的歌，和用日语吟唱，声音发自丹田，悦耳动听。

新婚不久，老师睡觉有时超过卯时（五点）。太师母会指示丫环向王爷请安，有一天老师没有立即出房，仍然贪睡，太师母派了身边丫环说：“太福晋说要保重身体！”

老师若是逗留在师母房间久一些，太师母就说：“男人要多待在书房！”

老师和师母甜蜜恩爱的日子不长。老师又被安排到西方第一军事强国德国接受短期军事训练。

老师多彩多姿的传奇神秘中，什么时候远赴日本求学是第二个谜题。

有师兄说，老师在十三岁时，由老管家陪同留学日本，由于年纪小，常在夜里头被窝中独自饮泣，不能让人知道，白天在日本人前，仍然得做个英雄好汉样。并引述了老师一段听来“事实俱在”的说法：“我从十三岁开始（留学日本），一直被日本管到四十岁（伪满洲国覆灭），一辈子都反日本，只有二样不反，味噌和生鱼片。现在人虽不吃生鱼片，但嘴里也想起那滋味。人啊！欲海难填啊！恨日本人，深入骨髓，只有喝味噌汤时才会暂时忘记。”

师兄还转述老师说，日本留学，每天早晨醒过来，跪坐在榻榻米上，对着一张小桌，桌子是白木头制成。七十岁的老先生坐在中间，要大家先静坐几分钟，说：“把自己心整理整理！”“身心喔，严肃自己的身心！”接着再说：“眼睛不要看，把心神交给我！”然后唱日本歌（老师说唱日本歌像发神经），做完这套仪式，才开始吃早餐。中国不太一样，吃完饭，必须倒水壶里的茶水到碗中，冲洗饭碗之后喝下。

但我却有些疑问。

老师在十三岁才背熟四书五经，被太师母骂其他皇子十二岁都背完，怎么多一年，没出息。十三岁就出国，似乎太早。

老师曾跟庄士敦拜师，庄士敦于 1919 年入紫禁城教授西洋知识，还请老师吃西餐，老师不晓马铃薯，以为是土豆，老师还记得庄士敦喜欢御膳房的点心，但 1919 年正是老师十三岁。

日本学制，高等科约略初中毕业后，老师初赴日本，日文不会很好，进入东京学习院高等科，十三岁好像不符实际。

日本派女秘书随行，师母向老师说：“干脆纳了吧！”女秘书年纪不会太小吧？

老师辞世，弟子们依老师遗愿成立“中华奉元学会”，成立会场放出老师昔日录影，就是老师笑谈十六七岁到天桥吃羊肉往事，表示十六七岁还在北京。

所以，个人浅见是老师在溥仪大婚后才偕未婚妻留日。至于十三岁留日的说法，可能是老师留日不是一个阶段，而是两个阶段。而且来来去去，有寒暑假。

# 四

# 四十四年间沧桑

老师走过清末民初的乱离年代，有同门说，老师目睹了政权的更替。老师在 1986 年，于静园告诉我，他在四十四年间经历太多的沧桑。

有一师兄说，他见过老师将经历的政权，刻在一枚印章上。我一直未见过这枚印章，总感觉这么多字，印章应该很长。本书定稿前夕，我编辑图版时，审视渡海观音图，发现老师所盖的五个印章，除乾坤龙虎章、安仁居士章，还有三个小章，一章是“达德光宇宙、生命壮自然”，一章看不清楚，还有一章，赫然是“四十四年间经二帝五朝历八雄十代”。

四十四年是从光绪三十二年（公元 1906 年，老师出生之年），到 1949 年。二帝是光绪皇帝和宣统皇帝；五朝是光绪、宣统、复辟、大同、康德。八雄是孙文、张作霖、吴佩孚、蒋介石等。十代是清、民国、洪宪、北洋政府、东北伪满、南京国民政府、重庆陪都临时政府、延安根据地、外蒙、中华人民共和国政府。

《清室优待条件》是国民政府和清室签订的条例，中华民国以“待外国之礼相待”，将清室明订如外国，溥仪如外国皇帝。所以，这个优待条件相关皇族待遇第二条仍明文规范“清皇族对于中华民国国家之公权及私权与国民相等”，可见清皇族的基本权利为国民权利，若外国人则无此权利。清室不能独立于中国之外。这个优待条件应是普世公认必须遵守奉行不渝的条款，不能片面废除，但一个拥有一师三旅约三万官兵的冯玉祥，趁着夜晚兵变，攻占北京城，囚禁贿选的总统曹锟，进而派兵进入清宫，宣布废除《优待清室条件》，将溥仪赶出紫禁城。

冯玉祥一声令下，就毁弃双方签署条件，并未因此受到谴责，国际舆论也没有发出公然声援溥仪的声音，因为中国内部自从国民政府成立后，一再搬演军阀争权夺利的戏码。

袁世凯做皇帝梦不久病亡，各地军阀招兵买马，凭借武力，争城争地，互相火拼，大者盘据中央，小者把持一方。段祺瑞专横、张勋复辟之后，紧接的是循环内战。北方有皖系、直系、奉系之争；南方有宁汉分裂，桂系与滇系战无虚日。一个领袖上台不久就下台。老师细数经历目睹的政权有二帝五朝八雄十代，但未明定几个政权。

冯玉祥将溥仪赶出紫禁城，溥仪顿时失去四百万两的岁用，天津的“张园”表面上自称“行在”，实际上是向军阀租用的花园别墅，对溥仪及随从诸臣而言，自然个个悲愤填膺。

不料，另一个军阀更在溥仪和前清遗老的伤口撒盐，让第三次复国行动的钟声敲起。

1928 年 7 月，发生一件令溥仪和老师等满族人最悲恸的事情。军阀孙殿英的军队，竟然挖掘东陵的乾隆和慈禧的坟墓，把坟内的殉葬物劫掠一空。

乾隆自号“十全老人”，到头来“尸不全”；慈禧太后每年由臣下恭送两个字贺寿，几乎用尽最美好的字，终而尸骨无存，连含在口中的大颗明珠也遭盗走。

悲剧发生后，前清遗臣来自各方前往张园吊慰，散居各地的满人纷纷提供修补祖先坟茔的经费，溥仪召开应付这一事件会议，向当时国民政府抗议，要求国民政府严厉惩处孙殿英。

溥仪还在张园摆设灵堂，置香案祭席，供奉乾隆和慈禧牌位，每天分早、午、晚三次祭奠，还开放外人前来拈香致祭，溥仪并发表是可忍孰不可忍，誓报此大仇以慰先祖在天之灵的声明。

“不报此仇，便不是爱新觉罗的子孙哩！”满族人痛恨国民政府如有不共戴天之仇。

国民政府先是敷衍，传说主席蒋介石已派阎锡山调查此事，即将审讯孙殿英，后来又听说蒋主席已决定不予追究。

老师祖训就是“无忝所生，无愧祖宗”，老师曾见到洋人在太庙养马，就已经火冒三丈，何论东陵的乾隆墓和慈禧墓惨遭挖掘偷盗这种滔天恶行呢？

恢复清朝祖业的复辟心火，在溥仪、老师和遗臣大老的心胸熊熊燃烧，也将溥仪的未来推向复辟之路，并且深明想复辟，要有自己的东北军队。

康有为作为保皇党领袖，反对共和制，一心谋划溥仪复位。张勋复辟，康有为起草《复辟宣言》，失败后逃至美国公使馆，继而遁入天津，次年获赦。

溥仪在天津张园时，也住在天津的康有为常去张园觐见溥仪，有时还讲经，讲的是《春秋公羊传》，老师拜康有为为师。康太老师生日，老师也在张园为康太老师庆寿。

康太老师在 1927 年，死于青岛，据说是喝果汁遭日本人暗中下毒的。

老师说，康太老师生活讲究，好享受，特殊癖好喝果汁，当天果汁下肚不久，腹剧痛呕吐知晓中毒，太老师心知医生无法救治，立即放水洗澡，换好衣服再死，定力非一般人所能，葬在青岛崂山。康太老师和太老师王国维死于同一年。

康太老师的评价两极，誉之者称圣人，毁之者曰疯子。

老师认为康太老师做事急功心切，欲速则不达，光绪帝若不逢康太老师，引起慈禧太后反目，可能成大业。康太老师死后，宣统没给谥号，即因百日维新，使慈禧、光绪母子不合，断送了光绪之命。老师说，康太老师若不猝死，“满洲国”的成立也将因康太老师极力鼓励下，可能会提前，受日本军阀操控程度相对减低。

康太老师为溥仪所筹划的复辟内容，纯粹恢复清朝原有的帝制，和日本人欲借溥仪之手操控东北大是不同，日本人显然不愿见他继续影响溥仪。

溥仪移住静园，积极规划复辟，老师和众臣集思广义，提出了成立“满洲国”的目标。

“满洲国”（皇太极改女真为满洲，将满洲定为族名）并不是溥仪为复辟才想到的国名，而是清朝肇祖布库里雍顺（清太宗定清朝肇祖是爱新觉罗·孟特穆，即孟哥帖木耳，但老师多次说是布库里雍顺）住长白山下鄂多理城所建立的国家名字。所以，溥仪拟成立的“满洲国”，不是新建国家，而是复辟，恢复祖业。

但要复辟、复国，凭借什么呢？实力显有不足，凭借外力，依靠厉行军国主义蜕变成功的日本，或许不失一个方便法子。但是一旦依赖日本，偶一不慎就可能沦为日本人的傀儡。日本吞并东北，野心勃勃，不得不防。

老师主张要效法太祖练八旗军。

“八旗”是由努尔哈赤创立的军事管理制度，先有黄、白、蓝、红四色旗作为区别标志，后来扩编为正黄、正白、正蓝、正红、镶黄、镶白、镶蓝、镶红等八旗。扩旗的八旗，几乎是清一色女真人（满人）。后来又有汉军八旗和蒙古八旗。

“八旗”隐含了八卦之意，八旗各占一个卦位，又与五行相呼应。

八旗军队最高统帅是努尔哈赤，自掌两黄旗，其余六旗为他的子弟所统领。顺治以后，形成上三旗与下五旗，“上三旗”是镶黄、正黄、正白，由皇帝亲自统领，实质为护从御营，其余五旗即镶白、正红、正蓝、镶红、镶蓝为“下五旗”，隶属皇室诸王统带，以正红旗为首。老师先祖礼烈亲王代善是正红旗旗主。

满族人都被编入八旗，是“在旗的人”，所以自称“旗人”。被俘或投顺的人也都要编旗，此即编户为民，八旗制度实质上成了兵民合一制。

清末的上三旗总人口约四十一万人，兵力约八万四千人；下五旗总人口约六十四万，兵力约十三万八千人。整个清末八旗总人口数约一百零四万人，兵力约二十二万二千人。

老师练兵之地在红旗村，老师当时意气风发，形容彼时的快意心情："纵马满蒙幽燕间！"

不过，已经移住静园的溥仪，虽在静园诏令随从诸臣讨论是否借助日本之力复辟，并未主动向日本提出，反而是日本寻上门来。

1931 年 9 月 18 日，日本关东军南满铁道守备队炸毁沈阳附近柳条沟铁轨，"九·一八事变"爆发，二十万的东北军队事先都无警觉，丝毫未作准备，关东军一万余人于八小时内，占领沈阳城，隔天占领长春、营口、安东等地。沈阳失陷后，东北边防公署及辽宁省政府移设锦州。1932 年 1 月 2 日，日军进入锦州，整个东北在一百天内全部沦陷。

日军发动"九·一八事变"不久，天津的日本驻屯军司令官香椎浩平中将约溥仪到他的住处谈话，劝溥仪离天津回东北"主持大计"。溥仪一听，没有立即应允，回说让他斟酌后再定行止。

溥仪在静园又召开内廷会议，随从溥仪到天津的老师分为三派，太老师罗振玉是理论派，主张借助日本复辟；郑孝胥则是行动派，认为要复辟，必须有足够实力，若实力不足，只能借助外力，列强中的日本是近邻，又是一个强大的君主制国家，对满人抱有好感，这是绝好的外援；太傅陈宝琛提出以溥仪安全为第一考量，沉重警告说："去时容易，要回来可就难了！"老师也参加了静园的会议，支持陈太傅的看法，溥仪于是作出了决定，回绝香椎的要求，不前往已遭日本控制的东北。

不过，日本已作成要溥仪前往东北的决定，想尽办法逼溥仪上路，安排在溥仪身旁接二连三地发生恐怖暗杀事件，随后日本大特务头子土肥原贤二大佐到天津见溥仪，语气和蔼关切："到东北成立新国家后，就由你主持一切，恢复清朝祖业，日本一定会尊重这个新国家的领土主权，一切由你做主，有任何外来的干涉和武力威胁，日本一定积极援助，共同防御。”

1904 年，日俄战争爆发，日俄之战不在日本，也不在俄国，而是在中国东北，老师从小就对俄日两国痛恨入骨。老师留学日本，更洞悉日本军国野心，几度忠告溥仪，一进入已被日本关东军占领的东北，就是跳火坑，成为日本的禁脔、傀儡。

不过，溥仪盱衡形势，满洲兵力无法与气势正强的关东军对抗，何况自己在天津日本租借地贷屋而居，生命安全大受威胁，不如暂时依了日方回东北，再见机行事。

溥仪拟计接受日方意见回东北“主持大计”，没有向太傅陈宝琛说明，以免陈太傅反对，暗中告诉郑孝胥和其子郑垂，由郑氏父子安排到旅顺。陈宝琛劝说不成，决定回福建福州休隐。

溥仪一到旅顺，便遭控制，日本关东军司令官本庄繁的参谋板桓征四郎到旅顺，正式通知溥仪，日方所谓的“大计”，就是成立“新国家”，不过这新国家不是溥仪所盘算的清朝复辟，而是建立一个满、汉、蒙、日、朝鲜五个民族所组成的伪满洲国，日本人要在这个新国家当官吏，新国家首都决定在长春，改名“新京”，国旗采用五色图形，让溥仪错愕不已。

溥仪当下一惊，心凉了一半。溥仪构思回东北就是恢复祖业，日本大特务头子土肥原贤二也清清楚楚表示，他到东北成立的新国家就是让他恢复清朝祖业，现在刚离开天津，进入旅顺，尚未到长春，日本军阀就拉脸变卦，表明新国家伪满洲国是由满、蒙、汉、日、朝鲜五个民族所组成，日本人还要派伪满洲国的官吏，赤裸裸暴露日本操控伪满洲国的真面目。

天津开放为各国租借地，日本人也有租借地，日本尚不敢公然横行天津。“九·一八事变”后，东北已沦入日本关东军之手，溥仪的处境一如陈宝琛的预测：“去时容易，要回来可就难了。”

溥仪被安排进住太和旅馆，连夫人婉容想见一面都困难，老师更是难以接近。

溥仪见情况不对，面谕老师去福州接回陈宝琛太傅。陈太傅在老师保护下赶到旅顺，趁两次见面时，再度劝谏，不能与日本合作。由于事机不密，陈太傅险些被日本关东军囚禁。

溥仪形同遭软禁，把心一横，拒绝了板桓征四郎所提出的新国家由五大民族组成的构想。板桓征四郎大为意外，命令郑孝胥向溥仪下通牒，如果溥仪不接受日本军方的安排，就是日本军方的敌人，他们就要采取对待敌人的手段。

郑孝胥告诉溥仪暂时忍耐，恢复祖业为先，成立“满洲国”后再做计较。

溥仪面对日军一步紧逼一步的无奈现实，在形势比人强的压力下，1931 年 11 月 10 日，抵达长春，新国家名字虽然符合溥仪的心愿，命名“满洲国”，但不是复辟，溥仪也非皇帝，而是执政，郑孝胥担任“国务总理”。

溥仪在日本关东军授意下，以“满洲国”执政名义，宣布东北和南京国民政府脱离关系；日本军方虽然达到了利用溥仪控制东北的战略目的，但发现溥仪当执政兴趣缺缺。

1931 年的冬至，溥仪在长春召开内廷会议。冬至正是“逊国”前夕，“逊国”之日，溥仪和随侍诸臣都要哭庙，老师的心情十分沉重。

这个“内廷会议”包括主持满蒙大计的息侯、太傅陈宝琛、国务总理郑孝胥等人。

溥仪心情颓丧，眼见“九·一八事变”发生，日军狰狞面目逐渐显露，黯然说了一句话：“无颜面苍生呵！”

溥仪当日面谕老师是“内廷良驹”，这个动作有接班之意，但对日本恨之入骨的老师并没得意，反见力主借助日方之力复兴祖业的国务总理郑孝胥面有得色，冷哼一声：“欺君！”

郑孝胥见他的弟子竟然当面说他“欺君”，涨红了脸。

隔年（1932 年 3 月），日本关东军司令官本庄繁离职，先由武藤信义接位，不久又改换菱刈隆到任，在菱刈隆“莅临”下，溥仪告天即位为皇帝，兼任海陆军大元帅，定都长春，将长春改为“新京”。郑孝胥起草“满洲国”国歌与建国宣言。“满洲国”在名义上回复帝国的称号，溥仪登基复国，是满族子孙完成了敬天法祖，亡国后努力恢复祖业，终而重登大宝，以君临万民的光荣使命。

伪满洲国成立，在当时并未引起中国人民如对袁世凯称帝的愤怒挞伐。

就政治体制来说，溥仪逊位后，有袁世凯的“洪宪帝制”以及张勋复辟，中国政体适合实施西方民主的政党政治或如日本的君主立宪，得失难言，赞成或反对纯为个人知见。

就现实面而言，当时政局混乱，军阀凭借武力割据一方，内斗酣热，却无法抵御列强外侮。俄国、英国图谋割裂外蒙、西藏，日本有心侵吞南满、东蒙，并且进兵山东。

更重要的是，国民党政府领导人对日本态度没有前瞻远见，态度分歧，有人挟日本自重，有人反日。

“九·一八事变”爆发前，南方的国民政府分南京和广州两政府，汪精卫的广州国民政府下令讨伐南京的蒋介石政府，外交部长陈友仁还赴东京谋求援助。

“九·一八事变”发生后，南京国民政府劝广州政府内争停息，共赴国难。11 月蒋介石的南京国民政府派代表蔡元培、张继、陈铭枢等人与广州代表汪精卫、孙科、邹鲁等人会商于上海，议定双方分别召开国民党第四次全国代表大会。

南京代表大会通过请蒋介石北伐，保卫国土，收复失地；广州代表大会中，曾遭蒋介石羁押的胡汉民不但坚持蒋介石必须下野，还要解除其兵权，开除党籍。12 月 15 日，蒋介石辞去南京国民政府主席兼行政院长。

当时的中国领导阶层忙于内斗，哪有闲工夫对伪满洲国的成立表示关切呢?

汉人、满人领袖对日本人感情错综复杂，孙中山先生在日本倡言驱逐鞑虏、打倒满清，讨袁失败后到日本，召蒋介石赴日，蒋介石更到日本军事学校求学取经。

老师和溥仪之弟溥杰相继到日本留学，日本人彼时国富民强，军国主义抬头，有心建立“大东亚共荣圈”，并吞东北，扶持伪满洲国是大战略。

溥仪和老师当然看得出日本的狼子野心，不只复辟大业无法摆脱日本军阀的操控，连个人的生命安危都在日人的掌控下，遑论其他。

日本军阀在东北驻军叫“关东军”，关东军司令官代表日本天皇，每个月一日、十一日和二十一日三个逢一的日子，关东军司令官一定要和溥仪见面。

郑孝胥为普及满洲“建国”思想、王道精神，且使笃学之士从事研究，1937 年 5 月 2 日在新京（长春）日满军人会馆，召集筹备会议，成立“王道书院维持会”，顾问理事多为日本人。

6月1日，郑孝胥在长春东五马路的公馆开讲，内容是《孟子》、《大学》等书，学院性质偏向研究机构。

1940年，王道书院正式招生，三年制，培育目标是中学教师和协和会职员，所开课程有四书、五经、《史记》、《汉书》、古文献、神学、日语、建国精神等。

王道书院共招生四期，每期约六十人，教员二十人，日本人占多数。

日本投降后，王道书院改为国学院，复改为私立哈尔滨大学，现并入吉林大学。

郑孝胥公开于王道书院发表言论：“‘满洲国’已经不是小孩子了，就让他自己走走，（日方）不应总是处处不放手。”言论公开后，郑孝胥被迫离开“国务总理”之职，换上张景惠，并告诉溥仪应该放手无为，全由张景惠操劳，只要在文件上裁个“可”字。

郑孝胥赋闲后，吟诗作画打发日子，常吟陶渊明诗“万族皆有托，孤云独无依”，三年后，病逝于长春柳条路家中。死因有两种说法，一说为暴病，一说日人毒死。

老师在溥仪伪满洲国的职位是“御前行走”。

老师先祖昭梿遭革爵后，他的儿子奉派到宗人府主事，很显然地，老师的祖宗从昭梿以下，都负责宗人府事务。老师曾说，“满洲国”成立时，他应该到宗人府办事，但溥仪特别叫他不要到宗人府，而是帮“国务总理”郑孝胥。

“行走”类似今日的特助，“御前行走”即为皇帝的特别助理，可以随时面君，在皇帝面前走来走去。

“行走”并非正式官衔，却是皇帝身边的亲信红人，康有为曾当光绪皇帝的“总理衙门章京上行走”，康有为帮助光绪皇帝维新，举荐的杨锐、谭嗣同、林旭、刘光第为“军机章京上行走”（章京是清代官名。清代凡都统、副都统以至各衙门办理文书人员，都称章京。如都统称固山章京，副都统称梅勒章京，总兵官称按班章京，以及军机章京、总理衙门章京），罗振玉当过“南书房行走”，郑孝胥也当过“懋勤殿行走”。

老师没有大战功，军阶只悬挂少校，可是因为有“御前行走”之名，可以参加重要军事会议。

伪满洲国成立时，老师才二十五岁，正是年轻力壮年纪。溥仪在日本关东军监视下，行动遭到限制，复辟兴国要事的真正行动，也不能托付像郑孝胥、罗振玉等年高诸臣。

溥仪在张园时，已命令老师操练八旗兵，溥仪登基伪满洲国皇帝，还命令老师掌管军机处。

老师是礼烈亲王代善裔孙，统领八旗中的正红旗，约十一万人，有七十四个佐领，兵二万三千。老师练过武术，善使双枪，娴熟兵法，又在日本、德国受过军事训练，不是纸上谈兵的文弱书生，而是有胆有谋的治国用兵大才。

老师在伪满洲国期间，发生一件让溥仪和日本军方大为惊讶的事情，老师开枪击毙一位日本大佐。

日本派一名大佐去见老师，那个大佐态度嚣张，说话辱及溥仪，本来就力阻溥仪前往长春的老师大为震怒，竟然掏出手枪向大佐开枪，不想却一枪毙命。老师见事态严重，火速禀报溥仪。

溥仪问老师：“怎么一枪杀了他呢？”

老师说：“枪法不准，我本来想打他的腿，打错了地方！”

“那怎么办？”溥仪又问道。

老师并未立即回答。溥仪当下命令召关东军司令官前来，怒责关东军司令官下属行止跋扈，并且正告说：“日满合作就此作罢！”

日本是否对华动武，并非上下一心、全民共识，而是经过内部剧烈的政争结果，最后主战派取得胜利，而关东军司令官位高权重，有志此高位者众，个个虎视眈眈。

关东军司令官当时的任务，就是培养溥仪在长春成立新国家。“日满”关系若不能继续维持，再大的战功都无法弥补此一失职。关东军司令官只能息事宁人，将大佐之死作妥当处理。

老师见溥仪处理此事镇定如恒，反应很快，不免称赞道：“聪明莫过于皇帝！”

我和三位师兄弟都听过老师这段回忆，前台大哲学系系主任林义正师兄说，那位日本人是“来使”，似乎可以推测那位大佐奉日本高层之命去看老师。

老师提及此事没有后悔，而是感慨地说：“要枪毙一个人，怎么会自己动手呢？”

至于此事发生事因、经过和如何了结的真正实情，我们不得而知，只能把此事当成老师的另一传奇。

老师是溥仪的伴读，更是一起长大的密友，溥仪把“复国”重任托付老师，老师积极结交四方人马，笼络地方势力，整合满族兵力，当时有头有脸的台面人物，老师几乎都见过。

1941 年，登上南京伪政府大位的汪精卫，带了太太陈璧君到长春拜见溥仪，老师说汪精卫确是美男子，而太太陈璧君是公认的丑。老师也见过与汪精卫同路的胡汉民。

东北那时有“满洲军官学校”，老师曾主讲“王道思想”，听课的包括当时日本驻天津的总领事，后来成为日本首相的吉田茂，以及韩国后来的大总统朴正熙。

老师形容吉田茂戴小帽，手拿小手杖，微胖，似卓别林。

“满洲国”在日本处心积虑设计下，二战时，成为与同盟国对抗的“德意日满华”五个轴心国之一（“华”指汪精卫政府，两岸处理这段历史，都只有德意日三国）。

曾到德国受训的老师，奉溥仪之命，担任“经济使节团”团员，远赴德国签订“物资援助协定”，面见德国纳粹领袖希特勒和意大利大独裁者墨索里尼，老师评论希特勒：“不论德业，只谈个人，希特勒极具领袖魅力。”

在那个杀来杀去的履霜年代，老师认为要成大业得有胆识，他常常走险棋出奇计，几度死里逃生。

老师年轻时个性刚严，做事完全依自己判断，旁人甚难影响。有一次，老长工哀求太师母、师母免其独子死罪，太师母、师母告诉老师：“放了吧！”老师点了头，那罪囚后来仍遭枪毙。师母质问老师，不是应允放了吗？老师回说：“是放了，放了气！”（老师老年对此事，念念不忘，颇有悔意。）

东北有识之士，得悉老师这一号人物，有一帮胡匪向老师放话，想要他们归顺，可以前来谈谈，老师于是个人双枪赴会，让他们信服。老师驰骋满蒙幽燕间，暗结不少英雄志士。

溥仪在关东军安排下，1935 年 4 月 2 日访问日本，面见日本裕仁天皇和裕仁之弟雍仁；第二次访日在 1940 年 5 月，迎回了日本的天照大神。

溥仪两度赴日，非个人所愿。满洲人有自己供奉的长生天，老师见到天照大神，向溥仪说“《论语》说，‘非其鬼而祭之，谄也’”（不是自己的祖先而祭祀，这是谄谀行为），溥仪叹了一口气，沉默不言。

日本将伪满洲国当成傀儡，在 1937 年 4 月最为露骨。

溥仪之弟溥杰在日本士官学校毕业后，在长春伪满洲国担任“禁卫步兵团”排长。溥仪和溥杰商量再婚，由皇后婉容帮溥杰物色适当对象，于是把婉容的一家亲戚请到长春，打算撮合溥杰和她的女儿结婚。几番磋商之后，双方都同意，日方知晓此事，公然干涉，希望溥杰和日本女子结婚，以符合“日满亲善”原则。

日本关东军于是安排溥杰和日本嵯峨实胜侯爵的女儿嵯峨浩结了婚。

溥杰结婚后不久，关东军要求伪满洲国政府制定《帝位继承法》，主要内容是：“皇帝死后，由其子继之。无子时，以其孙继之。无子和孙时，以其弟继之。无弟则以其弟之子继之。”

溥仪告知老师这个被日本人宰制的《帝位继承法》后，向老师喟叹说：“不能让日本人得逞！”

溥仪突然感慨，老师默不作声，溥仪续说：“当初先帝曾说，他们这支若没有子嗣，就还政礼亲王——同治帝没子嗣，德宗帝也没子嗣，我又没子嗣，岂非天意——日本人子孙想当‘满洲国’皇帝，我没法向列祖列宗交代，你就接了这个重担吧！”

溥仪复辟后，总要到东北各地方“巡幸”，视察抚慰乡亲人民，主要省城乡镇包括沈阳、吉林、哈尔滨、鞍山、本溪湖、安东、延吉、牡丹江、齐齐哈尔、锦州、佳木斯、关岛、扎兰屯、王爷庙、海拉尔等处。

伪满洲国成立，并非全东北人都额手称庆，一些地方出现抗日部队，尤其是哈尔巴岭一带最强悍，关东军虽调派六个团保护，老师仍担心溥仪的安全。

老师熟读兵书，喜欢用奇谋、奇计，他做了令溥仪担心的决定，主动找上抗日分子商量，自己暗中也成为抗日分子。

伪满洲国在日本操控下成立，老师是伪满洲国皇帝溥仪的御前行走，负责军机，按理说，他要配合关东军，对抗中国军队、特务，但老师对日俄战争的两个对战国日本和苏联都恨之入骨。抗战期间，老师捉到国民政府的特务，在耳朵打一个洞就放走，遇到日本兵，有机会就开枪，老师并说："我是情报出身，每天拎着脑袋出门，不晓得晚上能不能回家！"

老师的忧心不是杞人忧天。东北在日本掌控下，自然会出现卖国汉奸，日本军知道老师抗日，展开追捕行动。

老师逃亡时，身带一名保镖史云生（另位师兄说是史得胜），找到一个隐秘的藏身处，史云生先进去查探说："尿骚味很重，大概是养马的厩子！"史云生言下之意是不能躲藏，老师却说："这个地方好，安全！"

有一天，老师的行踪遭日军盯上，老师急匆匆逃跑，竟然跳过一楼半高墙，闯进一户民宅。生死迫在眉睫，那民宅主人一看老师神色，即知为抗日志士，二话不说，立刻脱下身上一袭单薄蓝色长袍，与老师互换，并递交给老师他的身份证，老师才得以虎口余生。

老师若被捕，不只是个人生死问题，可能会因满洲贵族的反日，惹出极大事件。

1969 年 3 月 18 日，老师向文化学院学生说："今天是我的第二个生日！"很可能这一天，就是老师逃过日军追杀之日，或者这天是救命恩人的生日。

抗战末期，周恩来带夫人邓颖超来看老师，周恩来说："王爷，我们不拿一针一线，不拆老百姓的门板，我们会善待部队，我们没有礼物，只从西口赶来几只羊，请你们厨子杀了吃。"

中国共产党胜利，周恩来功劳不小，因为国共和谈，国民党谈判代表是张群，共产党是周恩来。老师说，清亡之后，唯一在紫禁城开追悼会的就是周恩来。老师认为伊尹之后的"名宰相"就属曾国藩和周恩来。

伪满洲国成立于1933年3月；1941年12月8日，日本发动太平洋战争，倡言建立"大东亚新秩序"；1945年8月15日，日皇裕仁在美军投下两颗原子弹后，宣布无条件投降，溥仪也随即宣读了"退位诏书"。"满洲国"伪政权维持了十四年。

日本侵华，意外促成中国停止内战，团结对日抗战，而当时领导正面战场对日抗战的就是在日本学军事的蒋介石。

溥仪有写日记的习惯，离开长春之前，烧毁了日记和藏在所住的"缉熙楼"地窖内的相片和纪录影片。溥仪从长春赶到通化车站，坐火车穿过通化城到了通化机场，再坐八人座日本军用小飞机到沈阳，准备换乘大型飞机，驶往日本，不料就在沈阳机场楼上客厅休息时，从玻璃窗内看到苏联红军的飞机连续不断着陆，溥仪和弟弟溥杰成为苏军的阶下囚。

老师没有陪同溥仪离开长春，先行藏躲起来。老师深思自己虽然手中已无兵力，影响力仍存在，不只国民党和共产党都在追捕他，连苏联、日本特务也想得到老师。

抗日胜利，国民政府审查伪满洲国战犯，枪毙许多汉奸，老师先躲到姐姐家里。

老师看出自己未来的两条路：一是躲藏，但有杀身之祸；另一是投诚，难免受苦。

老师深思后决定出面投诚。国民政府很快判定老师无罪，但蒋介石不信，指示将老师送到南京再审。

老师南京行，对自己的吉凶祸福已有坦然接受的心理，但仍挂念太师母和妻儿的安危，尤其担心溥仪遭苏军逮捕后，可能受到苏联威胁，重蹈伪满洲国的复辟覆辙。

伪满洲国的成立，老师和溥仪曾作恳切深入的交谈。"满洲国"的国名虽然和"大清"不同，表面上是"新国家"，其实是"恢复清朝祖业"的复辟，不仅要统治东北地方，而且要如祖宗般地统治整个中国，老师向溥仪说："先祖为什么能统一汉族，最重要的法宝是'以寡御众'，我们绝不能画地自限。'复辟'不能打折，就是要恢复祖宗荣光。我们不是汉人，但我们祖先学习汉人文化，每个满人都有汉姓，我们不做汉奸！"

老师又分析形势说："中国的大患不只日本，还有苏联，苏联一直阴谋并吞蒙古、新疆，对东北也图谋不轨，我们要特别防范苏联！"

苏联在 7 月 2 日提出参战的条件之一是，中国须承认外蒙古独立。8 月 9 日，日本遭原子弹轰炸，投降在即，苏联才对日宣战。

中国和苏联在 8 月 10 日签订《中苏友好同盟合约》，其中一条是"苏联声明，日本投降后三星期内，苏联军队开始撤退，三个月完成"，但老师认为苏联对中国野心昭然若揭，不单是经济特权的取得，更重要的是觊觎中国领土。溥仪若是被挟持回东北，如外蒙古般宣布独立，届时新疆、蒙古、东北都将落入苏联之手，北方、东北屏障一失，中国危矣。

老师不只忧心溥仪的安危，也挂虑溥仪在苏联拘囚下，是否能够无愧祖宗，不做汉奸。

老师不只目睹第三次亡国，而且参与了复国、亡国的整个过程，当然也得付出沉痛的代价，老师常在课堂上有感而发："老师为何爱国？第一次糊里糊涂亡国了，第二次张勋复辟，第三次'满洲国'。真的假的国家，亡国都不是舒服的事。我告诉你们，国不可亡，到今天为止，我没有休息过一天，总在思考台湾的未来，你们要好好努力啊！"

## 五

# 杀一人而绝天下望者不杀

国民政府于抗战后迁回南京，国民党要员也都集聚南京，老师被护送到南京问话。讯问时，老师凛然说："我不做汉奸！"

老师曾留日，在德国接受军事训练，又指挥伪满洲国的军队，讯问者听到老师说出几个国民党在东北十分重要的地下抗日工作站，十分肯定老师。

国民党在东北的地下抗日工作站，有不少处遭老师掌握，老师若是动手破获，对国民党在东北的抗日行动，伤害将极为严重。老师虽在伪满洲国为溥仪做事，并未做汉奸，甚至成为抗日分子。

但是，老师曾经主张中国应该采行如美国的"联邦制"，南京政府认为老师言行不当，有挑拨之嫌，批文拘禁百日。

老师在南京问审时，在伪满洲国十分活跃的前清肃亲王女儿金璧辉（日本名字是“川岛芳子”），被国民政府认为是间谍，在日本投降时，即被国民党军队逮捕，从北京押到南京问审。一般说法，金璧辉不久即遭枪毙，但老师说，金璧辉在南京曾带口讯给老师，可能未遭枪毙。

老师拘禁百日时，为了打发时间，开始读熊十力的书，一看大为折服。拘禁日满，老师仍不能离开南京，形同软禁。

蒋介石十分关注老师的动向，问老师愿意当国大代表、立法委员或监察委员，老师一概拒绝。

在南京的国民党大员，对老师颇为客气，像蒋介石的重要文胆张其昀，名书法家于右任，时任国民大会代表的报人成舍我、教育家包德明、天主教南京总主教于斌。

于斌是黑龙江省兰西县人，身材高大秀逸，是个美男子，有“人中之龙”称誉。

于斌在十一岁时，全家迁到海北镇的天主教村子，即信仰天主教，二十三岁被保送到罗马传信大学专攻哲学，1933 年得到伯鲁日大学政治博士，1946 年荣升南京总主教。

老师和于斌住在同一条街，吃面条常碰头，两人又都是东北人，交谈甚欢，老师也看了于斌所送的《圣经》。

老师对东北的影响力，国民政府官员十分重视，老师的南京住处，也是严家淦后来到南京的住所。有“广西王”之称的李宗仁，得悉老师拘禁在南京，特别前去探视。老师在南京心情十分沉重，苏联占领东北后的撤军未依合约如期撤出，老师不免忧心忡忡。

苏联对日宣战后，立即出兵占领东北，逮捕溥仪，七十八万关东军在 1945 年 8 月 21 日，向苏联投降。依《中苏友好同盟合约》约定，苏联应在 9 月中开始撤军，11 月底撤军完成，但苏联却始终不见撤军行动。

苏联在列强压力下，拖延四个月。1946 年 4 月 3 日，长春苏军才宣布自各地撤军日期。4 月 14 日，长春苏军开始撤离，老师才放下心中的块石。溥仪虽然落入苏联之手，却没有愧对祖宗，让东北独立，沦为苏联的附属国。

不过，苏联一撤军，国民党的军队和共产党的军队就在四平进行大会战，老师没料到就在四平第一次大会战后，老师会摇身一变，以“胜利者”之姿重回长白山下，再见日思夜想的至亲至爱和故土。

四平是当时辽北省的省会，人口八万，位于中长、四洮、四梅铁路的交点，为东北交通枢纽，工业及军事的重镇。四平东北郊山峦叠翠，西南郊河流纵横，形势险要，又因位处中长铁路上沈阳与长春之间，是南北满通衢的咽喉和分界地，也是战略必经之地。

四平本为市，民国改为辽北省省会，伪满洲国改称四平省。“南满”生活习惯日式化，“北满”俄式化。

四平当地老城以外修了新城。伪满洲国时代的四平、长春已用瓦斯，电线埋在地下，使用先进打字机。鞍山铁矿、抚顺煤矿都在附近，马路宽阔，可飞小型飞机，日本自杀飞机都在四平制造。

国共首次四平大会战，共军采取守势，林彪亲自统帅十四个师十余万人，广筑工事，以四平市为中心，组成一条蜿蜒百余里的防线；国军最初只有孙立人军长的新一军和廖耀湘军长统领的第六军，后来增至七军共二十八万人。

蒋介石对国共四平战役十分关切，派国民政府第一任国防部长白崇禧前往东北督战，5 月 19 日共军失利，撤离四平，国军进入四平，第一次“四平会战”告一段落，国军并继续进军长春。5 月 30 日，蒋介石莅临已进占的长春。

首次四平会战胜利后，南京政府决定组成“慰问团”，慰问团团长是于斌，老师成为团员。

老师成为慰问团的团员，不只因为老师是东北人，四平和抚顺、鞍山等地曾是老师先祖的封地。

日俄战争在东北开战。国共争雄何者胜出的关键——四平大会战——在老师先祖的封地打了起来。

国军打赢了首次的四平会战，利用遭国民政府软禁的老师回故土，宣慰战胜的官兵和老师的故土乡亲，希望老师协助稳定东北人心。

国民政府为处理东北接受善后事宜，设军事委员会委员长东北行营及政治、经济两个委员会，划东北为九省，任熊式辉为行营主任兼政治委员会主任委员。四平收复后，参谋总长陈诚认为共产党的军队不堪一击，天下已太平，不但不增新军，而且要裁军。

表面上，共军兵力薄弱，采取人枪分离方式：不怕兵逃掉，怕枪丢掉，兵逃掉可以补充，枪丢掉就无战力，所以把枪捆在骡车上，打仗时再起枪，子弹数目固定，用完不再补给。老师看到共军的枪像烧火棍，战力的确不强，但仍向陈诚、熊式辉作了一些建言。

老师觉得东北百姓在共产党政策宣传后，民情已非昔日，“满洲军”未能接收，是一大隐忧。

老师指出，“满洲军”设备跟关东军一样，仅次美国。国民政府不增军且裁军，“满洲军”、东北军等六十万大军一旦入共军之手，胜负未可知，但陈诚仍坚持不增军、裁军的改编游杂战略。

慰问团行礼如仪，宣慰称赞辛苦得胜的官兵，在四平该吃的饭都吃了，于斌便率团搭机回南京。老师却表示要往长春慰问乡亲老友。

老师没想到，出四平，进入长春不久，共产党的军队又包围了长春，老师决定逃向四平。

南国北共，当时的共军占据北方，国民党军占据南方。最危险的地方就是最安全的地方。老师本应南行，但觉得直接南下危险，决定先北行再西行至内蒙古，转南至开原折返四平。

老师气宇不凡，身上又藏枪，自觉身份可能已经暴露，于是找了一间小庙，庙内空无一人，老师等了一会儿，和尚回庙，问老师：“干什么？”

老师回说：“干什么？你看干什么？挂单！”

“你又不是和尚，怎么挂单？”挂单是一个和尚到他地寺庙，方便寄宿。

“马上给我落发，给我一领僧袍！”

和尚见老师从腰际起出一把手枪，颤抖着手帮老师落发换僧袍。老师乔装了和尚，刚将原来和尚安排好，一队军人进庙问：“有没有看到王爷？”老师回说：“庙里只有和尚，没有王爷！”老师于是一路念阿弥陀佛北行。

有一天傍晚，老师走到一座名为“甘露寺”的庙，发现寺庙外布满了共产党军队，显然是大本营，老师硬着头皮往寺内走去。

“干什么，你这和尚干什么？”卫兵喝道。

“回家啊！”

“回什么家？去！去！”

“庙寺是和尚的家啊！我没地方住，天晚了，不到寺里住，住哪儿？麻烦给出家人一个方便！”

卫兵听这个和尚说得有道理，指着庙内一角地方说：“喏，就一宿！”

老师有一天借住一间共军进驻的庙宇，一个农夫丢了牛，脸色张皇想进寺问神明，遭共军拦阻，吵了起来，一士兵见乔装和尚的老师，问会不会卜卦？老师扮了和尚，只能点头，问农夫想问什么？农夫回说丢了牛，能不能找回。老师一占是归妹卦（䷵）“初九”：“归妹以娣，跛能履，征吉。”因为爻辞有跛足之象，就问农夫走失的牛是不是跛脚，农夫一听大惊，他走失的牛确有些跛脚。不只农夫认为这个和尚是活神仙，共军也讶异惊奇。老师认为运气只有一次，怕这农夫去找人来算命，一旦失准，可能暴露身份，二话不说，赶忙离去。

老师潜逃时曾遇见苏联军队和共产党军队的搜捕，老师不但没有躲避，而且主动要求给予素食止饥，骗过盘查。

老师一路躲躲藏藏，走到孝庄皇后（大玉儿）的故乡开原，搭上火车往四平，不意一到四平，国共正进行歼灭争城战，整个晚上枪炮声隆隆。清晨枪炮声停歇，老师想出外查看战况，拉开门闩，房门却推不开。用尽全力，推开缝隙，门外尸体卡住了门，勉强挣出身子，望眼一看，倒抽一口寒气，老师看到一幅人间惨状，尸体处处横陈，鲜血染红街巷，老师不得不踏尸而过。

触目死尸，无非血肉同胞，老师深深感触，战争杀人不能解决问题，只能制造寡妇孤儿，毫无意义，应该消弭战争。

四平会战共计四次：一、1946年3月15日至17日，林彪东北民主联军攻取四平；二、1946年4月18日至5月18日，杜聿明占四平，林彪率部撤退；三、1947年6月11日至6月30日，林彪东北民主联军反攻四平失败；四、1948年3月，东北联军改名“东北人民解放军”，3月4日外围战斗，3月12日总攻击，3月13日结束，解放军占据东北。

老师回四平时，国共第二次会战刚结束，国民政府军杜聿明将军占领四平，林彪败走。

四平的国共大会战结果，决定了政权归属，解放军收编“满洲军”，战况逆转，国民党精锐部队惨遭歼灭甚众，导致了后来徐蚌会战失利，江山易守。

老师历经生死劫难，寻得国民政府军大本营。

老师向国民政府驻军叫门，门略开，守门士兵问干啥？老师答说：“投诚，缴枪。”

守城官兵一见老师堂堂相貌，又身带双枪，不敢怠慢，立即通知总部，并喝令老师不得自由行动，总部派车接走。

总部问清老师身份后，得悉老师是南京派来的慰问团团员，立即送老师回礼王府。

老师从四平回到北京礼王府，可说是死里逃生，太师母见老师历劫归来，神情激动说：“不求你有什么伟勋，但求勿助人为恶！”

1945年12月15日，美国总统杜鲁门发表对华政策声明，并派马歇尔使华调停。

马歇尔曾与老师会面，马歇尔的翻译用美国人，不用中国人。老师觉得马歇尔是个武夫，自认东北地方百姓要感激他的解救之德，心存高傲，以致调停无成，马歇尔在1947年1月返美。

老师回礼王府日子不长，蒋介石有了一个偶然的机缘，对老师和老师的东北同乡张学良，作了相同的安排。

1946年5月5日，国民政府还都南京，蒋介石前往中山陵谒祭孙中山先生，祭告抗日胜利；10月21日，蒋介石偕同夫人蒋宋美龄飞抵台湾台北，参加台北中山堂举行的台湾光复一周年纪念大会，并在台湾停留八天，游览日月潭等地，认为台湾是一片“干净土”。

蒋介石一游台湾，心血来潮，改变了两个东北人的命运。

1901年出生的张学良是东北奉系军阀张作霖的长子。1928年张作霖被日本关东军炸死，张学良由奉系将领推举为首领，出任东三省保安总司令，1930年就任陆海空军副司令。1936年，12月4日，蒋介石到西安督战，张学良与杨虎城向蒋要求停止内战，全面抗日，遭蒋训斥，张学良、杨虎城发动“西安事变”，扣押蒋介石，提出抗日八项主张，并通知中共周恩来，与宋美龄、宋子文协商和平解决西安事变。

张学良协商完成后，力排众议，护送蒋介石到南京，立时遭扣留软禁，十年中先后监禁于浙、赣、湘、黔等地，由于张学良影响东北甚大，周恩来又在1946年的国共政治协商会议上，要求释放张学良。眼不见为净，蒋介石灵机一动，就在他从台湾飞回大陆一个月左右，一架坐满警卫的专机飞到一片“干净土”的台湾，张学良和赵四小姐被监禁于当时名叫草山，后称阳明山的地方。

张学良在草山不久，即被移禁在新竹县竹东镇的井上温泉，1957年10月24日，搬到高雄西子湾石觉所建的白色房子；高雄监禁处在柴山，可以俯瞰整个高雄夜景和高雄港，景观极其美丽。

张学良遭一个三四十人组成的警卫队监禁，警备队直接听命于“总统”官邸和情报局，负责监禁张学良的警卫队队长为刘乙光。

张学良监禁在西子湾时，仍不允许看报。张学良在台湾监禁初期，仍抱着蒋先生放人的希望。有一年，蒋介石生日，张学良送时钟祝寿，提醒蒋介石关他的时间太久了，该放人了。蒋介石回赠钓竿，颇有慢慢等之意。

张学良在监禁期间，有两个同乡去看他，他的日记写着：“大家相对泣，恐非东北人，不知个中滋味，因梦中涕泣，被看守我的人，将我叫醒，我心中十分惨然。”

政治惨烈无情，一般人的生命如草芥，所以称“草民”。但仍有些人既杀不得，也放不得：“杀一人而绝天下望者杀不得，纵一人而为世患者放不得。”张学良自然明白，不免心中惨然，同是东北人的老师感同身受。

1947 年，台湾发生“二·二八事件”不久，老师得到通知，整理行李，将有远行，可以携家人离开。

晴天霹雳，老师不料蒋先生并未忘记他，还担心他有所作为，下此命令。太师母不愿离开祖茔故土，要守着祖业。满人观念，太师母不离开，师母当然就要留下侍奉。前途未卜，太师母和师母将祖宗所留下较珍贵的纪念物，小心慎放一口木箱内。

为了减低离别愁绪，无法随老师离开的师母故意向老师打趣说：“你罪孽深重，自己去，我才不去呢！”

蒋介石在日本习武，老师在日本学文。蒋介石后来领导中国对日抗战，老师虽在伪满洲国与日本军方有过从，却对日本人无好感，甚至常暗夜身带双枪，看到恶行恶状的落单日本兵，毫不客气地开枪。老师与蒋介石相差十九岁，两人留学日本未曾碰面，但蒋介石可能一时起意，一如张学良，自己不敢放心大用老师，又怕为共产党所用，决定了老师下半生的命运，将老师监管在台湾，监管在他所谓的“干净土”。

## 六

# 读书一枝香

蒋介石指令载送老师的专机，将老师送到台湾北部一处名为“草山”的台北市郊。老师被拘禁的不远处，不久前羁押过张学良。老师一到草山，张学良已被送往竹东。

老师刚到草山，有四个兵看守，大概认为老师只身在台，插翅难飞，不久就撤哨。

老师在草山认识的人，其中一人姓张，老师叫他“老张”。

老张是张学良的亲戚，眼界甚高，戴了一副金边眼镜，重视仪容，穿着体面。

有一天，老师正在修剪花树，某人来找老师，看到老张穿戴讲究，以为就是老师，滔滔不绝说了许多，遭老张训斥一番，才说老师不在。

老张对老师十分敬重，有时会亲自下厨，做几道小菜请老师品尝。

台湾四周环海，当时交通不便，可用“插翅难飞”形容。国民政府初时对老师似乎有意好好重用，指示老师在 1947 年的“双十”国庆日演讲，老师拒绝，告诉来人说枪毙都不能。有些官员不满老师不听话，说老师得重病，需要安乐死。老师在这郁郁寡欢时期，认识南志信。

南志信是国民大会第一届制宪代表，可能是台湾第一个学医的人，是名医杜聪明的学长。南志信的母系是排湾原住民，时任教育厅长陈雪屏请南志信陪同老师至台东，面见当时的台东农校校长陈耕元，陈耕元礼聘老师当教导主任。

陈耕元是卑南族卑南社人，1905 年 10 月 20 日生，比老师大一岁，1921 年进入卑南公学校（今南王国小）就读，1925 年进入台东公学校（今台东大学附设实验小学）高等科，日籍老师濑户川看中他的打棒球能力，将他网罗至棒球队。陈耕元在 1925 年进入嘉义农林学校（今嘉义大学）就读，并参加棒球队。1931 年嘉农参加日本的夏季甲子园棒球比赛，获得亚军殊荣，已经二十六岁的陈耕元为当家游击手，太太是嘉义人。

1932 年，陈耕元从嘉农毕业，前往日本横滨商业专门学校（今日本横滨大学）就读，1935 年毕业，先在嘉义税捐处、嘉义自动车会社（今嘉义客运）服务，而后返回嘉义农林学校担任老师与棒球队教练。

台湾光复后，陈耕元回台东，在台东糖厂任职，而后到台东农校（今台东专科学校）任教，1947 年出任校长。

陈耕元在原住民中，学经历都算出类拔萃，但他在日据时代，所受的教育是日式教育，对中华文化陌生，校方需要一立娴熟中华文化的人负责中文教学，曾在伪满洲国创办“新民农校”的老师不是够资格，而是被小用了。

不过，我们不晓老师到台东农校当教导主任，是陈雪屏个人善意安排，还是蒋介石的授意。

老师和陈耕元年纪相若，两人又都留学日本，可以用日本话交谈。那时，陈耕元刚生了第二个儿子陈建年，老师在天热的晚上，和陈耕元在屋外摇扇聊天，老师很喜欢小娃儿陈建年，常抱在膝间，陈建年不晓得抱着他的是王爷，常在老师裤上撒尿。老师也不知道这个膝上爱撒尿的小娃儿，后来会当台东县长和原民会主委，而陈建年的女儿陈莹会当“立委”。

陈耕元热爱棒球，也关心各种体育活动，老师对西方的运动篮球十分兴趣，试着玩，越玩越有趣，那时有一个身高一米八七的阿美族学生，身材高大，运动天分很高，老师和陈耕元校长加强培育他。这个学生不负校长和教导主任的慧眼识英雄，后来以十项全能比赛打破亚运纪录，勇夺金牌，并在1960年罗马世运会勇夺十项全能银牌，这学生就是“亚洲铁人”杨传广。

老师饱读古书，欲以所学行道济众，从未想到教出来的第一个著名学生，会是扬威国际体坛的十项全能高手。

台东在台湾县市发展，属于落后县市，原住民约占三分之一。身为清朝贵胄的老师被指派到当时被平地人卑视为“番仔”的山地县市，可老师并没有鄙陋的情绪。

《论语·子罕篇》载：子欲居九夷。或曰：“陋，如之何？”子曰：“君子居之，何陋之有？”

孔子周游列国欲道济天下，却志愿难偿，自叹将往九夷。有人向孔子说，九夷之地僻陋，如何是好呢？孔子回说，君子在什么地方，都能自得其志，有什么僻陋呢？

老师不是自命清高，而是他的祖先在明代朝廷眼中是东夷，孙中山先生把满人称为鞑虏，国民政府和逊位清室签署《清室优待条件》，如外国皇帝般称呼溥仪。原住民算是南蛮，蛮夷一家亲，老师并不崖岸自高。有一张照片，老师高兴地穿上陈耕元所送的卑南族服饰，戴上漂亮的头圈，手持微出鞘的猎刀，绑布带，穿深色衣，腿扎卑南图纹裤管，神态悠然从容。老师喜欢吃原住民的小米饭，喝原住民酿的小米酒，烤山猪，还学原住民抽竹烟杆，走遍了原住民的部落，兰屿和绿岛都去过。

校长中文程度不佳，学生当然更差，不会说中文，看不懂文字，老师笑说："十个字就够山地学生学半个月了！"老师有时会说些经文，老师可说是台湾讲经第一人。

老师在干净纯朴的台东，仍有难掩的落寞与惆怅，张学良身边有赵四小姐相陪，老师却是孤身来台，对依恋故土的太师母和妻儿，老师的惦记与思念不时萦回脑际，心底不时自我慰安，这仅是短暂的作别，相逢之期不会太远。

老师做梦也没想到，短短两年，国民党竟然失去大陆江山，而将他移监到台湾的国民政府主席蒋介石也逃到台湾，两岸情势陷入混乱紧张的对峙态势。

蒋先生一到台湾，很快宣布戒严，不但台湾个人行动受到限制，言论、结社、游行等自由也都遭到剥夺。

蒋介石失去大陆政权，逃到台湾，但他却在台湾很快另起炉灶，自己制定法条，当上"总统"。

老师在大陆的活动范围是东北，蒋介石管不着，老师没想到在台湾岛上，反而管个正着。而且，他的回乡路，也因蒋介石到台湾给堵住了。

老师住草山时间不长，却对草山做出贡献。师兄孙铁刚表示，老师跟张其昀说：“‘草山’名字不好，岂不是‘落草为寇’吗？”张其昀将老师的话，委婉转告蒋介石，于是将“草山”改为“阳明山”，只不晓“阳明山”是老师建议的，还是蒋介石本人或旁边大官想出来的。

不过，潘英俊师兄别有一说：蒋介石撤退到台湾，在草山行馆召见在台东的老师，有意安排老师做官。老师答说：“我们在草山，不就是落草为寇吗？”老师还当场送蒋先生带去的王阳明墨宝。不久，“草山”就改名“阳明山”。

据了解，蒋介石将老师所送的王阳明法书转送台北故宫博物阳。台北故宫博物院的字画都来自清宫，当年的台北故宫博物院院长蒋复璁看见老师到故宫，就说：“老板来了！老板来了！”

1952年12月底，前北京大学校长胡适到台东，无意中与老师相见，让老师人生有了转变。

台湾的市县民政局处，都有一个“道路规划小组”，给新辟道路命名，小组要外聘较有学养的委员，台东当年要找真有学问的人物不容易，老师被推荐为委员。

台东旧火车站前一条新路将命名，老师认为清代台东直隶州最后一任知州是胡铁花先生，建议新路名为“铁花路”。

胡适在民初推动新文化运动，搞新文学，当时演讲十分轰动，阿玛每当老师出门就叮咛“不准去胡闹”，就是不准去听胡适演讲。老师对胡适的《中国哲学史》，也不以为然，认为是血淋淋的断头之作，没能写出中国哲学的根本大源，但就事论事，胡适的父亲胡铁花对台东有贡献，值得纪念。

胡铁花原名胡守珊，后改胡传，字铁花，是胡适的父亲。新路命名剪彩，请来胡铁花的儿子胡适。胡适讶异何等人物会取“铁花路”的路名，打听之后，会见老师，胡适与老师有过一番晤谈。

胡适曾写过《中国哲学史大纲》、《尝试集》、《章实斋先生年谱》、《戴东原的哲学》、《神会和尚遗集》等书。胡适出任驻美大使时，结识一些美国的中国通，有些中国通有意继续作中国文化深造，当时中国和美国关系紧张，只能到台湾找寻真正可以请益中国之学的教授学者。

美国加州大学洛杉矶分校东亚学院创办人鲁道夫，曾在北大进修十三年，也在 1949 年之前，在中国购买了十多万本书，东亚学院的图书馆因而名为“鲁道夫图书馆”。鲁道夫研究殷墟甲骨文，和胡适颇有交情，鲁道夫利用中美文化基金会的庚子赔款，到台湾进修，基金会先后推荐的两位台湾大学教授并不合鲁道夫之意。胡适与董作宾商量，董作宾推荐老师。胡适曾见过老师，胡董两人意见相同。鲁道夫于是写了毛笔字向老师表达拜师之意。

老师本来仍有斟酌，胡适却一直敲边鼓，鲁道夫在台湾认识研究院史语所所长、《大陆》杂志发行人董作宾。董作宾比老师大十一岁，他在殷墟考古和甲骨文上贡献突出，成为继罗振玉、王国维之后的主要奠基石之一。太老师罗振玉死后，将未完成的遗稿交给董作宾整理，董作宾和老师有师兄弟之谊，鲁道夫又通过董作宾，请老师指导。老师于是结束台东农校六七年的教导主任工作；离开台东农校不久，陈耕元因车祸丧生（1958 年），而他推动的棒球运动却在台东生根萌芽，开出璀璨的花果，台湾棒球运动的兴盛，陈耕元有莫大功劳。

老师在 1956 年开始教授洋博士弟子，鲁道夫是向老师问学第一个人。

鲁道夫对老师十分谦恭，还没上课前先到。鲁道夫专门研究殷墟甲骨文，知晓老师是罗振玉、王国维等治甲骨文大师的弟子，向老师请教对甲骨文的看法。老师认为古文字只能研究，不能成实学，答了两个字，令鲁道夫瞠目咋舌："猜梦！"

老师解释，罗振玉太老师是个标准的书呆子，常常将一个甲骨文拓片挂在纸窗上，问说："像猫？像狗？"今天说是这个，明天又说别的，像是猜梦般。

老师认为，古人有解梦的书，根据梦中景象来解梦，但罗太老师解读甲骨拓片，连梦的边都没有，所以用"猜梦"形容。

当然，要学罗振玉的殷墟甲骨文，亲自受教于罗振玉的老师，指导鲁道夫绰绰有余。

鲁道夫不仅向老师请教殷墟甲骨文，也在老师指导下，研读一些宋朝典籍。由于鲁道夫早已成名，年龄大老师二三岁，老师当他是朋友，而非弟子。老师真正的收徒当在 1958 年。

胡适不只介绍鲁道夫，还介绍其他洋博士，老师跟胡适说："我一天三个馒头就可以打发日子，你可别再给我添麻烦！"

可是，口耳相传，洋博士想入门拜师的越来越多，老师只好采取筛选方式，而非来者不拒。

一般洋博士想学中国之学，找老师像找家教一样，要考老师；"师严而后道尊"，老师反其道而行，要考考有心求教的洋博士，够不够格成为他的弟子。

美国汉学界翘楚魏斐德生前是美国加州大学柏克莱分校的讲座教授，曾任美国历史学会及社会科学研究学会的会长，他与耶鲁大学的史景迁，哈佛大学的孔复礼，号称汉学“三剑客”，魏斐德的好友纽约大学教授罗慕士（翻译《三国演义》及《道德经》）介绍他面见老师，老师没有立即答应，告诉魏斐德，至少先花三个月功夫，在别处好好学习中文口语，再来安排。

魏斐德从《孝经》学起，讲课时数由原先一星期两天增加到五天，读完四书后研习《易经》、《春秋公羊传》。

老师让这些洋博士亦步亦趋、慕道向学，和一班大学上课方式完全不同。一般大学授课时数有限，只能采用演讲方式，教的是自己的研究感想，老师却是一个字一个字教，教典籍所载的本来思想。

老师教学极有耐心，自言教洋博士是丰子恺（当时名漫画家）式的教学法，让洋博士弟子不只认字，而且掌握每一文句的真正含义，也让受学弟子在老师一贯的思想体系中，享受被启发的喜悦。

老师曾问洋博士“懂不懂”，洋博士弟子说“懂了”，老师戏说：“我讲了半天，自己都不懂，你却懂了！”

可别看老师授课时身穿长袍马褂，头戴瓜皮帽，怀疑老师是老学究、老冬烘、老古板，似乎不懂西方哲学，其实曾留学日、德的老师可以引用柏拉图来论证王弼的观点，老师还能讲授佛经。

有些西方政治人物想了解中华文化，陆续专程来台拜师，曾担任美国中国科科长的费浩伟也是老师的门下弟子，美国前总统老布什到北京任驻华大使前，先来台湾，他的一个儿子维克（非后来当总统的小布什）也向老师拜师。

外国洋博士专程来台学习中国文化，以当老师的徒弟为荣。台湾的政治人物不可能没有耳闻。

有一天，蒋经国先生没有事先约定，突然到老师住处，当面请老师教他的儿子，会面说话内容不得而知，老师好像没有答应。

老师教出的洋博士弟子来自各精英学府的博士研究生，在海外评价甚高，可说是执汉学的牛耳，他们学成时希望得到老师的证书或推荐函，1977 年 8 月 20 日结业的弟子班大为，在相簿中贴了老师当时的玉照和介书（推荐函），毕业证书是这样的：

查美国学生班大为，于 1975 年 6 月至 1977 年 8 月，从余学四子书（《论语》、《孟子》、《大学》、《中庸》）及五经（《诗》、《书》、《礼》、《易》、《春秋公羊传》），并《春秋繁露》，兼读古注。遵中国治学方法，不杂意说，该生领悟力强，颇体经旨；初解大义，略窥微言。循途精进，定有厚望，乃可造之材，来日必为中西文化之良介，专为推介。

天德黉舍　毓鋆

近百年来，学术文化以西学为高，台湾许多人常想尽办法，到国外拿个学历文凭自我炫耀，老师没有学位文凭，学历只是清华大学国学院旁听生，竟教起外国学生，而且还是博士研究生。洋博士弟子以拥有老师推荐函为荣，让学界耳目一新。

老师的推荐书并未对洋博士弟子过度美言，像班大为的推荐函只是“颇体经旨，初解大义，略窥微言”；同样在 1977 年毕业的夏含夷师兄跟老师读老子和易经，老师的推荐函是“略窥见大易之玄门”，夏含夷师兄在老师逝世的公奠礼上，代表洋弟子致悼，说得一口好中文，而且真情流露，让闻者动容，他自认自己当时已学得不错，老师竟然用“略窥见”之语，是轻视他所打下的学术基础。

夏含夷师兄花了三十多年读《易》，后来看到马王堆帛书《周易》、阜阳汉简《周易》、上海博物馆所藏战国楚竹书《周易》，以及其他相关出土文献，他才发现老师当年的评语是正确的。

2006年，老师百岁，美国中国学专家席文教授、班大为教授、黄宗智教授、欧达伟教授、邓尔麟教授、包弼德教授、夏含夷教授、甘慕白教授、伊罗教授等十余人，由美国专程来台，为老师庆寿，夏含夷师兄代表洋弟子，将做好的相框上呈老师，框内文字是“美国同学庆祝毓老壹伯岁照相集”，老师一看，指出“伯”字写错了，夏含夷师兄说要带回去改正，老师笑说：“不用，就让大家看我教出来的洋学生有多糊涂！”

老师对洋弟子不只没有阿谀，甚至有时对洋弟子悟解不足不假辞色，这些受教外国弟子却仍然毕恭毕敬、诚惶诚恐，班大为教授就有这样一段“严师出高徒”的战战兢兢回忆：“我们的师生关系的互动也非常有趣，并富有教育性在其中。我必须动用我所有对文化敏感的资源，恰当地管理我自己，以免冒犯老师或使老师不开心。有时这意味着静静地、专注地聆听，当毓老发泄他对某些事情的怒气，包括其他学生的不敏感。毓老无耐心于没有给予他恰当尊重，或全心全意学习的学生。由于我们外国学生接受的是个别辅导，没有任何准备就前往上课是不可能的，我也从来不敢这么做。在一整年中，每个星期去上课都是一种冒险。谁也不知道该期待什么——毓老会穿什么、他会是什么样的心情，或他会不会满意我的准备和问题。”

老师早期的洋博士弟子称老师是“刘先生”，中期以后的弟子和台湾弟子都一样称“毓老”。

老师的洋博士弟子，1971 年前所收的，大都是名校的荣誉教授，像简慕善是伯克利加州大学荣誉教授、席文是宾州大学荣誉教授、孟旦是密歇根大学荣誉教授、黄宗智是洛杉矶加州大学荣誉教授、吉德威是伯克利加州大学荣誉教授，而 1971 年后较中期弟子中，如包弼德是哈佛大学教授、班大为是里海大学教授、夏含夷是芝加哥大学教授。

老师对清末洋人侵凌中国，并且强迫中国划出租界地十分反感，又见中国不少女子因遭外国人侮辱而落发出家极为痛心，没想到他到台湾正式收徒，第一批弟子竟然是洋博士。

老师的洋博士结业弟子，魏斐德在 1970 年时统计，美国人三十三人，日本人二人，韩国人一人，英国人二人，加拿大一人，越南一人，未结业的短期受教者，谦称自己未受正式熏陶，不够格名列门墙，只敢以“黉舍之友”相称，加上后来新收的超过六十人，总计外国博士弟子约百人。

1966 年是老师六十岁整寿，洋博士弟子在 1970 年，出版了一本以英文写就的《无隐录》，收集了一些弟子的研究心得，第一篇文章即是鲁道夫所写的《罗振玉访殷墟》,《无隐录》的书名是魏斐德所订，取自《论语·述而篇》: 子曰：“二三子以我为隐乎？吾无隐乎尔！吾无行而不与二三子者，是丘也。”

《无隐录》收录十篇，篇篇有分量，可说难能可贵。但老师的身世背景，传奇又神秘，老师自己几乎不提，魏斐德所记老师传记，可能根据一些资料推测，但因为是首度出现简介老师的文字，大家常引用，像说老师的祖父是世铎，拜梁启超为师，并著有《新清史》等稿，应该有误。

老师在 1961~1971 年间的洋博士弟子教学，可说驰名海外学界，尤其是美国。概括原因有三：

**一、学博而精，出手不凡。**

董作宾曾代理过台湾研究院院长，胡适后来也当了台湾研究院院长，两位院长都佩服老师学养，二人所推介的学生是美国汉学泰斗的加州大学洛杉矶东亚学院创办人，老师可说是出手不凡。而老师得以震慑洋博士，和老师的宫廷文化熏陶和出自礼王府的家世有关。

老师初见有意拜师的弟子会问想学什么？弟子若说想学《韩非子》，老师就教《韩非子》，想学《老子》就指导《老子》，想学理学就授理学，想学佛经，老师剖析佛理十分深入，甚至想学中国医药，老师也不让弟子失望。

《无隐录》有十篇论文，其中有《外丹窥管》、《慧皎在高僧传的义解论》、《1800~1856 广东的秘密社会》。老师不只懂外丹，甚至也懂炼丹，老师曾说“祖父信丹，父亲信佛，我信心”，老师还曾立志悬壶济世，当医生，但太师母要他救国为重。礼王府施药三百年，有许多秘方，后代子孙就有人因负债，将秘方卖给同仁堂。老师讲《冰鉴》，娴熟兵法，对秘密社会当然了然于心。

老师之学不仅博，而且精，不是仅只浮面的文字翻译，而是就经文的文本，依经解经，体系一贯。

**二、深契情理，威仪慑人。**

老师不只深契经文，也游刃兵书，自己又在“满洲国”掌管军机，通权谋之术，人情事理练达。

西方电影常以长袍马褂、瓜皮帽的服饰造型丑化中国人。

满人的长袍是常服，平常时候所穿，盛宴或朝会才披马褂。老师身材魁梧，身穿长袍马褂，头戴瓜皮帽，手指套上玉扳指。洋博士见老师穿着，不只没有不敬之意，反而肃然起敬。这是老师的威仪，慑住洋博士弟子的缘故。《论语·颜渊篇》载：子曰："出门如见大宾，使民如承大祭。"老师用经书的力量折服洋弟子。

老师早期授课，性喜闻磬声、香味的老师，右手拿经书，左手拿一支香。点了香，将香放在书桌上的鼎形香筒里，说："读经一定要崇敬书，必得烧香。"洋弟子哪曾见过这种读经方式，个个像吃了兴奋剂，茫酥酥地陶醉在老师高雅说书的氛围中。

老师六十岁才戒烟，戒烟前授课时，常吞吐着一杆镶着碧玉的烟杆或烟斗，左手小指伸得长长的。吞云吐雾，烟雾或隐或现，出版《无隐录》的弟子魏斐德在恍惚中，就像是英国出使中国首任特使马戛尔尼首度被传召觐见乾隆皇帝的光景。

"师严而后道尊，道尊而后民知敬学"，大部分的老师都知道这句话，似乎只有老师把这句话发挥得那么淋漓尽致。

**三、易筋洗髓，幼稚园教学。**

1975 年到 1977 年受教于老师的芝加哥大学教授夏含夷，向老师学习《老子》，他后来写了一篇文章《我和毓老第一门课》，师兄张辉诚曾转载。师生对话，十分生动有趣，一般人认为很有魏晋名士对话或禅门味道的公案。内文说，老师问有没有准备。夏含夷师兄回说准备了。老师就要夏师兄念《老子》第一章"道，可道，非常道；名，可名，非常名"，老师听后大声问："什么意思？"

“对不起，老师，我不很清楚到底是什么意思。”夏师兄回道。

“你不清楚？好，我告诉你，‘道，可道，非常道’的意思是道（大声，后面停止了两三秒钟）——可（拉得很长）——道（又是大声），非（又拉得很长）——常道！懂了吗？”

“对不起，老师，还是不清楚。”

“还是不清楚。好，我给你说白话文，意思就是‘道可道非常道’（说得特别快），懂了吗？”

“对不起，老师，还有一点不清楚。”

“还不清楚。好。我再给你说一遍。‘道可道’的意思就是‘道’（大声）可（强调‘可’第三声声调）道（强调‘道’第四声声调），‘非常道’的意思是‘非常’（非和常连在一起说）——道（又强调‘道’第四声声调）。懂了吗？”

夏含夷师兄和老师这样一问一答反复了十几分钟，夏师兄突然好像有所体会，“道，可道，非常道”的意思似乎了然清楚。

一般读者看到上述文字，会认为老师似乎只有念文句没解读，怀疑老师的授课方式，而夏含夷师兄何以重复念了十几分钟原文，就突然懂了，不免也怀疑夏含夷师兄真正懂了吗？

老师对魏晋玄学和禅宗都有很深的研究，但老师以儒家人物自居，不会用清谈或公案式教学启迪弟子。

有人问蓄长须的老师是不是教书先生，老师点头。那人续问教什么？老师回说“幼稚园”。

老师曾笑说教洋博士弟子是采用丰子恺式的幼稚园教读法。

或许有人会认为用不深刻、不专精的“幼稚园教读法”，有低估这些扬名海外的中国学者专家学术成就，其实不然。老师这种教读法是宫廷的正统教读法。

陈宝琛太傅的教读，是每一句都要念百遍，而后再回文、提文。

老师常说古人立说为文，都是常时白话文，书读百遍自通，读书不可从注解入手，后儒注解常是引文为自己立说，不一定是原文的文义。言必称朱注、程注者，就是朱奴、程奴。

《道德经》的文字，今人读来，何字不懂？若每一句话重复念个十几分钟，不真懂也自认懂了不少；夏含夷师兄虽然读了不少书，但中西文化差异性颇大，夏含夷师兄当时对文化悠久的中文典籍认识，不一定比在礼王府长大的六岁老师多。

名师出高徒，老师带着弟子一字一句从头念，这些洋博士弟子受限于民族、环境、文化差异，或许不能深入中国哲学的堂奥，但在老师循循善诱下，打好根基，大抵能窥见中华文化的庙堂一隅，老师给夏师兄的推介书才用“略窥见”之语。老师亲授的洋弟子，一开口，就能说出高一般外国学者的语言，一为文就能引经据典，甚至写出不易读的《易经》、《春秋》研究文章。

洋博士弟子问学十分景仰老师，有的还订制长袍听课。老师平常不接受邀宴。有一次，几个学成的洋弟子到台湾看老师，请老师吃饭，送老师回家，还送上一个红包，老师点点头说：“这些洋弟子懂规矩！”又自嘲说：“这不是见钱眼开吗？”

国民党在台湾重起炉灶，作党的自我改造，1950 年 8 月 5 日，中央党部内成立改造委员会，张其昀任秘书长。

张其昀字晓峰，为蒋介石浙江宁波同乡，是历史学家和地理学家，曾任浙江大学文学院院长兼史地系主任，是国民党从南京迁往台湾的首倡者，在陈布雷自杀后，张其昀成为蒋介石信任的智囊之一。张其昀后来又担任国民党中央宣传部长和教育部长。

老师在南京遭讯问时，认识张其昀，张其昀听到老师向洋博士讲课，有些惊讶。张其昀印象中的老师，是伪满洲国拥兵者，是一介武人，怎么会转成文人，而且教起外国洋博士呢？张其昀问老师："你怎么会教洋博士呢？"

老师玩笑说："胡适说我有学问嘛！"

张其昀当秘书长时邀请老师参加一些会议。老师对军中改革提出一个十分人性又前卫的建议：为稳定军心，宜合乎人性，要解决军人性问题。老师这建议引起很大争议，老师说了一句话，"饱汉不知饿汉饥"，这建议终被采纳，前线地区成立"军中乐园"，老师还提出三项施行措施：一、防止军中流氓霸占军中妓女；二、为卫生起见，设置办完事后的休息室，以免吹风得病；三、军官和士兵分开。

上世纪五六十年代的国民党官兵，常常津津乐道、回味无穷的就是"军中乐园"；由于"军中乐园"声名大噪，后来因名字不妥，改成电话号码"八三一"。

老师饱读古书，并以古书启迪后学智慧，所以一再提醒弟子读古书，不是读死人的书，而是读古人的智慧，从政之道，要能行能用，能知人性知民心，言人所不知，行人所不能。

我们虽听过老师当年在雪地上练兵，天寒地冻，座上马撑不住，老师将身上大衣解下覆盖在马上的豪情壮志。但对老师如何领兵仍一无所知。我们或许从老师倡议设立"军中乐园"，可以忖摩老师的治军为政之道，也让我们了解老师的"通志"和"实学"。

张其昀后来创办中国文化学院（今中国文化大学），请老师帮忙监工。成舍我创办世界新专，包德明创办铭传商专，老师本想办哲学研究所，老蒋有意拨钱，老师却拒绝，表示要办学校就自己设法办。

老师后来曾开玩笑说："大丈夫不可一日无权，当初应该让老蒋给我当小学校长，可以指挥工友。"

称赞老师有学问的知名人士，除了胡适，还有老师的旧识于斌。

于斌在南京不只是天主教南京总主教，还是1948年，第一届国民制宪代表大会主席。1954年，于斌从美国搭机到台湾。1959年，于斌筹备辅仁大学在台湾的复校工作，被教宗任命为首任校长。

老师从台东搬到台北，于斌也定居台北，两个东北人在台湾又意外重逢，特别有话说。

1967年，枢机主教田耕莘逝世，1969年3月28日，教宗保禄六世任命于斌继任为枢机主教，于枢机请老师吃饭。老师见于枢机心情不错，有意捉弄，向年纪已过六十的于枢机感叹说："枢机，张汉卿（张学良）尝称你是'人中之龙'，可惜啊，这条龙美中不足！"

"人中之龙还有什么美中不足？"于斌讶问道。

"缺龙种，没有龙子龙孙！"老师嘿然道。

"还有什么其他的美中不足？"于斌要老师转个话题。

"孔子说友直、友谅、友多闻——我就直说了，你就宽谅些。枢机，你的红袍是先民的血染红的！"

老师对西方列强侵略中国，每借教难杀人，中国人死伤无数，耿耿于怀，所以对身穿鲜红袍服的于枢机语重心长说。

于斌脸色微红说："毓老有学问，吃饭！吃饭！"（于枢机于 1978 年赴罗马参加教宗保禄六世之丧，并选新教宗，不幸于 8 月 16 日早餐后，因心脏病突发猝死。遗体运回台湾辅仁大学，安葬于于公陵园，老师生前每年都会前去凭吊。）

老师对西方之学并不排斥，他还从西方文化中汲取新知。1953 年 5 月 4 日，老师在小札上写着："罗斯福说：天下最可爱的事，莫过于勇敢到底的奋斗。"

老师 1989 年 5 月 2 日零时二十分看《圣经》，有如下笔录："忏悔只有一次，上帝赐福给不贰过的人。你的所作所为合乎天意，自然蒙福，没有任何人可以替你代祷，更没人能替上帝赦免一个人的罪和祝福给你，所以必须自求多福。"

老师初到台北，租屋在南港洲尾（今内湖周美）一处竹林掩映的四合院农家。由饶河街尾的慈祐宫附近，搭乘基隆河边的小渡头木船前往，每次渡船费一两毛钱。老师就在洲尾村，教洋博士弟子。

老师在六十岁后蓄胡子，许多小孩子常攀围墙争看长胡须、穿着奇特的老公公。

老师的字画成就不凡，老师曾教洋博士弟子席文的太太书法，指示从赵孟頫的风格入手。"以夏学奥质，寻拯世真文"的条幅，就可见老师深厚的书法功力。

老师所绘的图如悬在课堂中的努尔哈赤像和《灵山法会》、康太老师的《讲经图》都有极深造境。

老师遭看管在南京，认识于右任。当时南京发生通货膨胀，要拿黄金换金圆券，老师被授命要去换，于右任也去换。来台湾后，老师和于右任常有往来，于右任送老师一本著作《牧羊儿的自述》，他所题的"自牧斋"送给老师，悬挂在老师的书房。

老师到台北后，常到新生南路一家画室走走。画室主人向老师请教国画，有一天，画室主人请老师题词，老师题的词是“残翁无颜面苍生，留取身影俟史评。”

老师在画作上的题字，令人惊艳折服，像《偶题竹梅》，改了郑板桥联句“虚心竹有低头叶，傲骨梅无仰面花”为“虚心竹有垂头叶，傲世梅无仰面花”，更见意境。

老师的字体有多种，有唐楷体、魏碑体，还有风神仿如溥心畬的字体。

溥儒字心畬，以“中国文人画最后一笔”驰名于世，和张大千之兄张善孖齐名，有“南张北溥”之誉。老师和溥心畬同为宗室，老师尊称溥儒“溥二爷”。

老师常谈溥儒的故事。溥儒字“心畬”，老师解释说“畬”是熟田，“心畬”之意即为“心是良田百世耕”。溥儒留学西德，取得天文、生物双博士学位，归国后就居西山，成为大书画家，画作常署名“心畬”或“西山逸士”，最好的画作落款章是“羲皇上人”、“天下一腐儒”。“山高水长”则是闲章，盖在适宜角落。

老师提过溥心畬的画为什么那么出色呢？

溥心畬二十二岁从德国拿到双博士学位回中国，满心欢喜。他的母亲问他：“二十二岁拿到双博士是不是唯一的？”溥心畬回说：“不是。”他的母亲告诉他要做天下第一人。溥心畬于是在西山练字练画。十年下来，一出笔，就是天下第一人。

溥儒常叫弟子慢慢磨墨，其实是训练弟子悬腕工夫。

溥儒的字常斜出，有些弟子看老师写字，会叫“字斜了！”溥儒说：“我叫你看字，不是看直不直！”

溥儒曾送老师一幅字，“知足常乐”；老师初到台湾，难免有些牢骚，修养功夫极佳的溥儒特别写了这四个字。

溥儒有一阵子喜欢上北投洗温泉。有一次洗好温泉后，溥儒叫来老板，吩咐备纸笔，写了几个字后扬长而去。老板十分讶异，问人这个署名“心畬”两字的人何许人也，那人识货惊呼“名人，字值钱”。老板于是准备好纸笔，天天巴望溥心畬到来。溥心畬一到，热情款待，待溥儒洗好温泉澡，写下几个字，收集了不少溥心畬的好字。

溥心畬往生，弟子穿白，腰系带，男左女右，遵循古礼送终。

溥心畬临终前，指示老师代他完成两项遗愿。

一是元配的墓碑，阳面要镌刻他的字，阴面要刻元配所绘扇面图。元配的画工十分精细，老师遍寻台湾匠工，竟然没工匠有功力镌刻，这是老师一大憾事。

溥心畬逃难时，抱着一只北京狗。溥心畬过世前的另一遗愿，就是要老师代他好好养那条北京狗，那条北京狗好狗命，活了二十五岁，在睡觉中死亡。

溥心畬的墓在北投，老师曾带弟子到北投看“寒玉堂”的墓。老师解释：“寒玉堂”是溥心畬的斋名，就是守身如玉，有冰清玉洁的意思。

# 七

# 今村继成华夏

1966年，中国发生一件举世震惊的大事——“文化大革命”。

“文化大革命”由青少年红卫兵领军，批孔反孔，破坏四旧，文物古迹惨遭毁损，以“四人帮”为首之徒高倡造反有理，批父母，斗老师，将中华文化作翻天覆地的大变革。

离家已二十年的老师，忧心太师母和妻儿的安全，自愧没当好儿子、好丈夫、好父亲的老师，思绪也从二十年来遥想的长白山收回，注视台湾这块土地上，立志奉行太师母的叮咛，做个好人，做个好好作育英才的好人。

恢复祖业之梦已远，继往圣绝学之心勃然生焉。

老师是满族旗人，中国人所谓的夷狄，但他从小所学的是中华文化，老师认为文化是人类文明所留下来的公共遗产，为人类所公用，没有地域、国族区别，中华文化不为中国私有，而是世界人类所共有，能用才有所有权，老师决心不涉足台湾政坛，亦得在文化上有贡献。

教授洋博士弟子，老师收的束脩是美金，当时洋博士来台学中华文化，都有丰裕的奖学金，美金在台湾一元兑换四十几元，十分好用，但老师思索，中华文化要能生根，必须培植台湾人。1958 年，老师登了一个小广告，招收学生，讲授《论语》，结果来了一个初中生谢深仁君。两个月后，谢深仁带来了一个高中生黄大炯君，老师就借画室走廊讲《论语》。黄大炯师兄后来考进台大历史系，仍向老师问学，可说是老师在台湾所收的首名大学生弟子。

刚到台北，老师神情不甚开朗，面颊略显消瘦，向洋博士弟子讲课时，老师还抽竹杆烟。烟杆约一尺半，嵌着碧玉烟嘴，烟草放在小巧的烟盒，慢悠悠地吞云吐雾，古代的高人雅士大概不过如此。

老师烟瘾越来越大，有时也抽雪茄，抽烟时手中不时拨弄一串佛珠。

老师在六十岁，夏历正月十六日太师母生日那天戒烟，老师自言戒烟有两个理由，一是“身体发肤受之父母，不敢毁伤，孝之始也”，抽烟伤身是不孝，所以选择太师母生日那天戒烟，以示不忘人子责任；二是在松山火车站等车，见一老人低头弯腰捡烟屁股，不免感慨，决定趁有钱买烟时戒了。

老师摇头笑说，当初学抽烟，到处有人送烟，烟瘾大了，没有人送烟，烟之害，对老师而言，有深一层感受。

老师初授课洋弟子，还未蓄须，但在中国文化学院当哲学系主任，已是一绺漂亮黑胡子，蓄须可能也和六十岁戒烟同时期。老师很宝贝自己的胡子，曾经轻抚自己的胡子说：“张大千啊，就是那一把胡子美啊！”

老师住在洲尾时，常穿杏黄上衣，黑色宽阔长裤，手摇一把羽扇，足登黑色布履。有一天，老师手持铁杖与洋弟子出游，其中有女弟子，一群少年骑脚踏车前后往复，呼啸嬉戏，猖狂无状，老师手中铁杖突然一伸，插进靠近身旁的一辆脚踏车链条，脚踏车翻覆，链条脱落崩散，那跌落少年一见老师不怒而威，左手腕还缠了一圈布，好像监狱老大的手铐脚镣都缠了一圈布，防止摩擦疼痛，不晓老师手腕套的是玉镯，缠布保护。误以为老师是黑社会老大，推着脚踏车落荒而逃。

老师搬离洲尾村到四维路，不是自己的选择。

老师从内地到台湾，随身带一大箱东西，但没有金银财宝可变卖，手头有些拮据。老师在台东农校，薪水不多，买些生活用品和支付三餐开销，所剩无几。一到台北，就租用较便宜的房舍。

洲尾村和松山之间，隔着基隆河，如果经过上游或下游的吊桥往来，得花费四五十分钟。民间有人划船帮人渡河，要渡费一两毛钱，老师大部分回洲尾村住处，都搭船。

交通不便，虽是两层楼建筑，房租仍十分便宜。老师闭门读书，开门教洋弟子，生活俭朴。有一天，有人来拜访老师，呈上一份公文，日本首相岸信介领了几名国会议员，将来台湾访问，希望能拜会老师。

来人看到老师住处不宜接待日本首相岸信介，于是帮老师在四维路安排一处小洋房。

徐泓师兄见过公文信函。

岸信介首相访问台湾，是台湾大事。岸信介何以特别点名希望拜会老师，他和老师又交换了什么意见，老师事后从未提起，这岂非既神秘又传奇？

老师不便拒绝会见岸信介的安排，但见过岸信介不久，自己就在不远处的卧龙街租屋。

老师在大专院校讲学，始于铭传商专，但时间不久。老师说："铭传商专创校人包德明，是老朋友，先生在铭传管理总务，精打细算。这老太婆有一天请吃馆子，自己来请，我能不去吗？饭还没吃完，发了兼任教师的聘书，吃人嘴软，我能不接吗？"

老师真正的大学任教，始于中国文化学院。

中国文化学院创办人张其昀，从教育部门主管退职后，开始筹办学校。（蒋经国时代，李焕从教育部门主管退下后，去高雄筹办中山大学，蒋家父子用人方式有些相同。）

张其昀原本要办的学校是"东方学院"，蒋老先生问："你这学校是办什么的啊？"张其昀答道："讲中国文化。"蒋老先生说："那就叫中国文化学院不就得了？还办什么东方学院？"张其昀兴冲冲告诉老师："同门，同门，我得到'御赐'了！学校就叫'中国文化学院'。"

1967年10月，老师以"刘毓鋆"之名，在中国文化学院开始启迪台湾的大学生，但刚开课授徒，却得到溥仪因罹患肾癌，于10月17日病逝的噩耗。

溥仪十七岁的大婚轰轰烈烈。

溥仪六十岁的大葬简简单单。

溥仪没有如有清历代帝王葬在皇陵，而是火葬，骨灰安放于北京八宝山英雄公墓侧室。（周恩来后来指示移放正室，后又移葬华龙皇家陵园。)

复国之梦已远，伴读情谊恍惚目前。溥仪无子嗣，荡荡游魂，何处留存。君臣之义不可废也，老师设灵堂供奉溥仪，臂袖缝黑纱上课，追悼溥仪。

台湾当时教育十分不正常，许多未随蒋介石到台湾的学者专家都被列入黑名单，所写的书是禁书，不准流通发行，像冯友兰的《中国哲学史》，成书年代甚久，但因冯友兰未到台湾，冯著《中国哲学史》不能公开流通，但许多大学都用冯友兰的书，只能暗中购买，有些印行的出版商还遭警局约谈、调查、拘禁。

近代儒学思想最具开创性的大哲学家熊十力，生于1885年，他的《读经示要》于1945年12月出版，也不可避免地成为台湾当时的禁书之一，但老师却公然讲熊学，提供书商印行《读经示要》。第一天第一堂课就从《读经示要》卷三“略说六经大义”教起：“世事孔艰，余心已乱。本讲不及求详，但于六经，略为提要而已。”

老师解释“世事孔艰”：孔者，甚也，熊十力撰写此书，世局不稳，诸事难行，前景甚为艰困，颇有动乎险中之叹。熊先生自言“余心已乱”，仍强作六经提要。老师彼时心境，应和熊先生相契吧！

《孟子·滕文公下》有“富贵不能淫，贫贱不能移，威武不能屈，此之谓大丈夫”；老师在清朝、伪满洲国是富贵时，在台湾隐居是贫贱时，在老蒋时代是威武时，老师不淫、不移、不屈，而熊先生晚年也遭批斗。

老师的恩师都是当时俊彦鸿儒，像陈宝琛、罗振玉、王国维、郑孝胥、叶玉麟、柯劭忞、康有为等人都是当代名师。

不过，老师认为有些太老师虽有家法，但没切中事理要点；熊十力先生虽没有家法，却识见深邃绵密，直指学问核心。为学不能固守师承师说，照着走，而要接着往前走。

老师熟背经子，一贯讲学，一字一乾坤，一句一世界。老师循循善诱，所说的故事、笑话，更令学子们闻之难忘、津津乐道；老师虽未见过熊夫子，但听说熊夫子脾气古怪的种种趣事："熊先生吃东西与众不同，桌上有鱼、有肉、有菜，他不是吃一块鱼和着一块肉或一些菜，而是先吃完一条鱼，再吃整块肉，或者整盘菜"；"熊先生好吃花生，但不知节制，学生送来一大包，他吃到腹胀肚痛，骂送花生学生王八蛋"；"熊先生喜欢作注，写信也常加注，有一次书给某人，不满连续几天霪雨，加注'狗王八天'。"

隔年下半学期，老师兼了哲学系系主任，多了一些行政工作。老师在中国文化学院开的课是"四书"、"《易经》研究"、"学庸研究"、"陆王哲学"，老师上课时，大一到大四同学聚集一堂听课。

老师当系主任，有个学生在校打牌被逮个正着，校方拟开除，老师反对，坚持教育要给受教者机会，只要不贰过。这个学生从此不打牌。

老师到华冈中国文化学院哲学系任教，整个哲学系学风为之丕变。1960~1970 年间，台湾经济不振，学子读大学都是考虑未来谋职问题，如何为他人所用，老师却立人文大本，勉弟子修德成才，求为自己可用之才。中国文化学院哲学系学生和其他学校的哲学系相同，大一下学期，新生纷纷转系。哲学系的 1967 学年班，仅剩十八人（哲学系通讯录是十九人，毕业生集体合照是十七人），老师当系主任，1968 学年班三十三人，大一升大二很少转出。

当年哲二的李济捷师兄乐道老师的风采。穿长袍的老师搭计程车上华冈，李济捷恭候老师下车，老师不回头、不旁顾，昂然阔步。一进系阅览室，就是一整天。老师不上课时，同学至阅览室听老师开示，穿梭不绝。

老师到中国文化学院教书时，当时一些老师都到后来的“革命实践研究院”吃中午免费饭。老师不愿吃，自己常从山下带面包上山。没带面包就叫学生李济捷买午餐，不是水饺配酸辣汤，就是小笼包配蛋花汤。

师兄陈文昌低李济捷师兄一届，他提出十点，追忆老师：

> 一、打开经典奥义，引领全系同学走进中国文化殿堂；二、哲学系同学从此凝聚一堂，读书风气为之大振；三、建立同学信心，带来希望，大一新生转学转系锐减，报考硕士班人数递增；四、鼓励同学加强外语能力，培养宏观与远见；五、重视依经解经；六、鼓励同学到台大、师大听课；七、推崇圣哲甘地，把欲望降到零度以下；八、学宗熊十力；九、讲求实用之学，阐明“时之义，大矣哉”；十、鼓励不盘腿的儒家式静坐。

哲学系第二届毕业生有林义正师兄、钟友联师兄等人，钟友联师兄曾在台大哲学系开过墨子的课，我修了钟老师的课；林义正师兄后来担任台大哲学系主任。“天德黉舍”在卧龙街正式对外招生，陈文昌师兄和林义正师兄两人先后住在“天德黉舍”，帮老师看家，陈文昌师兄帮我开启进入“天德黉舍”的窄门。

1966~1970 年间，老师对内地“文革”形势有些悲观。切磋以德、琢磨以道的老师特别重视台湾这块土地的孩子，常语重心长说：“真希望台湾真好，大家真的好好努力，保存一点中华文化，你们要是不行，中国又得再等五十年，甚至一百年，我为子孙忧。儒家真精神不在留恋，而在乎承启，接着往下干！”

老师当哲学系主任时，创办人张其昀突然决定筹办“世界华学会议”，老师是哲学系系主任，理当筹备人，不过，老师认为“华”是形容词，不可当名词，日本人把中国之学称“华学”，中国人要正本清源，中国之学是“夏学”，而非“华学”，拒绝接办。校方只好改请他人，但仍要老师在会议中作“公羊春秋”研究报告，老师还是未出席。

老师一开课，就声名大噪，台湾大学哲学系主任洪耀勋留日，对老师十分尊崇，口头礼聘老师到台大哲学系开课，老师接受，但学期开始前，系主任换人，老师和台大哲学系无师生之缘。

中国文化学院任教一年多，老师便离开了。

1971 年下半年，老师在卧龙街的住处成立“天德黉舍”，向外公开招收大学程度以上弟子，讲授经学。

老师的“天德黉舍”开班不久，各大学文学院，尤其有哲学系所的学校，聘书不断，老师盛情难却，1972 年应辅仁大学哲学研究所所长钱志纯之邀（老师和辅大校长于斌是好友，但老师到辅大教书，并非于斌邀请。辅大哲学研究所在 1971 年招收首届博士班，录取博士生一名赵玲玲，赵学姐也到黉舍上课，研究所所长钱志纯专程请老师开课，我在辅大读过哲一，钱所长待我如子，钱所长礼聘老师，我在现场），到新庄辅大哲学研究所开课，从卧龙街搭计程车前往上《墨子》。有一天，计程车紧急刹车，撞到老师额头，痛了好几天，老师在辅大只教授一学期。

老师也接受政大哲学系系主任赵雅博之约，在 1972 年到政大哲学系开了一学期的课，用最大的教室，学生太多，挤满了教室。听说有政大政治系教授，领学生来上课，说："等毓老师讲完了，我们再讲。"老师去政大，有一说法是老蒋开的口："到我们的学校教书吧！"老师上课前，学校派车来接，由于老师批评时政，老蒋听到不高兴，不再派车，也就结束了政大的课，但哲学系学生怀念老师，哲学会邀老师演讲，老师以"素以三事自惕（不为文、不演讲、不写碑铭序跋）"而婉拒。

老师在辅大和政大哲学系都只教了短短一学期。难免引起忖测，说是老师纵论时事，抨击人物，得到学生共鸣支持，也引起当局不悦。我倒有一个不同看法，老师教学名字"刘毓鋆"，和身份证名字不同，老师学历又只有北京清华大学国学院旁听生，有些大学办事员在老师学历上作文章，难免闲言闲语，曾为王爷之尊的老师何苦看人脸色，不如早些退出大专校园。

大学任教经验，老师深深感触，书要天天接触，天天读，才能走出一个路子，今天读明天不读，杂草又长回来了。就像熊瞎子打包米（采包谷），大熊看见一个采一个，采了挟在胁下，到最后胁下还是一个，所以决定自己设私塾，天天教弟子读经，才能培养一批经世致用弟子，而人才化成有赖人文荟萃的环境，老师于是筹思成立中华文化实验区，取名"华夏学菀"（菀即苑，下文统一用后者）。

老师跟台湾一些名学者研商，这些学者包括张其昀、钱穆、方东美、屈万里、熊式一等人，成立了"华夏学苑筹备委员会"。

老师的“华夏学苑”含义甚深。老师说：“华是动词，华夏者，华此夏也。华也是形容词，华夏者，夏之华也；菀者，道并行而不悖，万物并育而不害，远近大小若一。中国古称中夏，其欲华者夏也。”

世路难行钱为马。老师离开礼王府时，在有限的行李空间，小心保护三件祖传宝物，一件是石涛的长卷，两件是南宋陶器。石涛长卷全长可绕十多平地方一周，陶器又比瓷器值钱。众人推举一位人际关系娴熟的知名人士，委托将宝物求善贾而沽出，这人带走时立了字据，并由有德望三人签字见证。

老师并命弟子周义雄集王羲之字，作了一块浮雕匾额，“华夏学苑”四字旁有六条龙，寓“时乘六龙以御天”之意。

老师还给“学苑”作了一副对联：

学由不迁怒不贰过，臻圣王之德

菀毓仁者相帝者师，履一平要道（“菀”通“苑”，“毓”通“育”）

可惜的是，三件宝物送出去后，带货的人未回报佳音，打探结果，落入一个有权势之人手中，老师并未说出此人究竟是何等人物，但老师说这人拿了这三件宝物，大概自认欠老师一个情，才放老师一马。

三件宝物可以办学，却遭权势人物从中劫去，敢动手脚的当时权贵屈指可数，老师的郁闷悲愤不言可喻，但老师始终未将名字说出，我们只能从“放老师一马”的感慨推敲。

老师曾有一阵子，将那张字据上的名字隐去，装框挂在黉舍，以示痛心。

东西可失，但志气不能丧失，孟子说“士尚志”，老师自惕不能“士丧志”。时代无正义，老师仍决定在 1971 年招收台湾的大学生读经。

老师开设“天德黉舍”前，曾考虑开山门讲佛经。

来台佛界高僧，较早成名的是慈航、印顺、广钦、道安和尚。老师跟慈航、印顺法师，儒释交融，时有往来。

慈航喜欢说笑话，善施舍，寺中没有隔夜东西，有信徒赠衣和送食，慈航一次分完，持金钱戒的慈航曾向老师坦白说：“好几次差点就犯了戒！”慈航法师于 1954 年归西，“慈航中学”在 1960 年成立。

老师曾和“湖南王”赵恒惕一同听慈航法师讲法。老师不只见过广西王“李宗仁”，“湖南王”赵恒惕，也见过“山西王”阎锡山，认为阎锡山最会玩权术。老师有一段时间常到阳明山看阎锡山的墓。

近百岁才往生的李子宽长老，跟随国父孙中山先生革命，随同国父到台湾，并且奉孙先生之命，留在台湾。治经济学的李子宽长老向太虚大师学佛。日本投降，李子宽接收台北市忠孝东路的善导寺（原名般若寺）。当局在士林“总统”官邸管制区的后山，建了几间绿色平房，其中一室置有《大藏经》，供李子宽长老修行（李子宽本名“李基鸿”，李长老著有《百年一梦记》，其曾孙女李慧霞是我的家教学生，我在善导寺面见李长老，李长老送我一套《太虚全书》），李子宽长老后来请印顺法师当善导寺住持。

老师认为《心经》与《大悲咒》同一重要，为佛经的众经之胆，与《中庸》为《易经》之胆类同。

《心经》一开始是“观自在菩萨，行深般若波罗蜜多时，照见五蕴皆空，度一切苦厄”。老师说：“观”，察也，“观自在菩萨”是谁能察己之性而达自在境界，就是菩萨。这就是“自觉”。曾子说“吾日三省吾身”，即察自在。

“观世音菩萨”是察世间之音，闻声救苦，这是“觉人”境界。

“菩萨”既要“自觉觉人”，但仍有未足，又必须“行深般若蜜多”。儒家重践履工夫，要“笃行”，“心经”也谈行。“般若波罗蜜多”即妙智慧。空有妙智慧不行，必须“行深”，有觉有行，觉行圆满，即为佛的境界。佛法和儒学一点都不神秘，宗教的经文都是人写的，释迦牟尼佛也结婚生子，化缘是化到什么就吃什么，哪有吃斋之说。

老师认为儒释同源，曾改写了两佛寺的对子，比原对子境界高不少：

**其一**

法雨大屯大慈大悲称大士　山现观音观天观地亦观人

安仁居士敬书

（淡水龙山寺有副对联：

龙发大屯大慈大悲称大士　山像观音观天观地亦观人）

**其二**

音亦可观始信聪明难与并　佛何称士乃知儒释有同源

长白毓鋆敬书

（燕子矶有副对联：

音亦可观方信聪明无二用　佛何称士须知儒释有同源）

老师心想，若是开山门讲佛经，既可报母恩，蒋老先生也不会有意见。

不作法事的印顺法师，也不语怪力乱神，自言“在人间成熟，不在天上成佛”，并说佛教破除迷信，但对有人劝老师开山门讲佛经却向老师笑道：“听你讲佛经，可能没有人出家，你只能自己看庙了！”

老师于是租了卧龙街一栋二层楼的白色独栋洋房，开始以中国传统私塾规矩讲经，但讲的是中国的四书五经，而非佛经。

“天德黉舍”正式开班那年，正逢清朝“逊国”一甲子，老师写下了“长白又一村”，并裱装成框，高悬讲席正后方。

“长白又一村”容易被作浮面解读。这五字其实有故实、有渊源、有传承。

老师为什么手书“长白又一村”？因为先有“长白一村”，才有又一村。长白山是满族龙兴之地的象征。清太祖努尔哈赤奠定了长白一村，是政治上的伟业，老师将继成华夏天下，以文化来继成先祖志业，所以是“长白又一村”。

“长白一村”不能落空，成就千古一帝康熙的孝庄皇后，被尊称为“长白第一村”的村长。

伪满洲国结束后，太师母希望知道老师往后打算，请师母侧面询问，老师写“长白又一村”作复。

老师鉴于“五四”之后中国文化受害太深，二战结束，第一要义就是复兴华夏文化、复兴天下为公的中国文化，老师认为华夏文化，就是天下文化。

太师母即因老师志愿于此，于是成为“长白第二村”的村长。

老师收徒讲经，就是要为“长白第二村”尽力，全心传承长白第一村、长白第二村，乃至长白无数村，一个村有一个村的作用，这样活着才有价值，才有意义，于是在花甲之年手书“长白又一村”，悬于课堂中。表明前一村奠定中华，又一村将开中国文化另一新世界，也就是今村继成华夏天下。

1998 年，老师在一小纸上写了三段字，“用心政治而不参与政治，永为良知明灯”、“九八，端午晚，学生相会后出，立誓：继成华夏天下，长白又一村”、“先朝奠定中华，今村继成华夏。”

为全心培育台湾弟子，老师减少招收洋弟子。洋弟子拿的束脩是美金，老师收入较多。老师曾笑说，溥仪皇帝赐的“鋆”字，就是美金（美好之金），他命中注定要赚美金。老师考虑台湾当时的大学生都很穷，束脩仅收象征性，在校大学生每月一百元，硕士生一百五十元，博士生二百元，老师认为侨生穷困，只收一元，义子说双数较好，故侨生收二元的象征性束脩。初开班约四十名弟子，一个月收入大约五千元。

孤身一人，老师三餐又俭省，但房租和购买家具等必要开销不少，只靠微薄束脩，显然不足。

老师将贾似道的小幅字，以五千元卖出。

贾似道的小字售出，不是因为贾似道亡了宋朝，人品太差，而是老师仓促间离开礼王府，是遭软禁，不是搬家，要搭飞机到远地，不可能带太多随身物。

老师所带木箱虽大，只是几件长袍马褂和日用杂物就占了一大角落，而所带的三件传家宝，两件是陶器，不让破损，层层包裹，又占了一角地方，能容下空间，就只有几件小东西，变现有限。

老师没有教洋博士前，手头不宽，张其昀任职中央党部秘书长时，有意通过“革命实践研究院”资助老师每月五千元，老师以“无功不受禄”回绝。

由于向学慕道弟子越来越多，老师除了第一班在周六、日上课外，又在周一至周五的夜间开班，由晚上七点至九点两小时。

老师私塾讲学，曾说是有感于日本福泽谕吉创立“庆应义塾”，进而影响“明治维新”的治学兴国经验，其实老师的“天德黉舍”是仿效太祖努尔哈赤创立“启运书院”。努尔哈赤聘请了浙江绍兴人龚正陆及汉人教师方孝忠、陈国用、陈忠等人，教导他的子侄读书，清太宗皇太极、摄政王多尔衮及清初诸多政治家、军事家都是启运书院培养出来的。台湾当时仍是戒严时期，禁止集会、结社自由，各类社团只限一个，由国民党社工会控制。讲学则限于宗教讲经，老师的“天德黉舍”讲学不是结社，但比结社更敏感。

老师得以创立“天德黉舍”，以私塾形式讲学，突破当年的禁忌，可能不只是张其昀帮了忙，而是三件宝物换得讲学的机会。

老师到六七十岁开门讲经书，竟然还有调查员监听，有时上课，怒火中烧，直呼“老蒋”、“小蒋”，还坦言说：“我就是不怕被枪毙！想枪毙我的人，叫人枪毙了！”

1969 年，台湾当局的联合国代表权失去后，“蒋家政权”的思想控制更趋严峻，校园思想强力压抑，台大哲学系主导的社团“大学论坛社”主办的一场座谈会，成了整肃台大哲学系教师的导火线。老师直批蒋家父子，虽有张其昀缓颊，但蒋家父子真能坐视老师的直言吗？

听说，美丽岛事件发生，某人曾到黉舍听过课，调查人员来看老师，问老师有没有跟某某人说话。老师说："有啊，说很多！"那调查人员神色一紧，接问："说什么？"老师说："我教《论语》，他就问《论语》，我教《易经》就问《易经》。每次进门，还会问安。"

有个警员查户口，问老师："太太怎么不来呢？"老师冷哼道："跟某某栽跑了！"警察有些官僚，威胁老师说："这是妨害公务！"老师不悦道："再啰唆，打出去！"警员主管得悉，赶来向老师道歉。

在天德黉舍开班前，日本方面来了人，有人为老师成立了基金会，只要老师能到日本，就有一笔为数可观的款项，供老师使用，但老师不为所动。

老师解读"贤哉，回也！一箪食，一瓢饮，在陋巷，人不堪其忧，回也不改其乐"（《雍也篇》）说：颜回何以能乐，因为能乐天之道，天道行健，君子以自强不息，不息就能知命，故《易·系辞传》曰"乐天知命故不忧"。老师同样在陋巷而不忧。

老师坚持读古书不是读死书，要活用，"华夏学苑"不能如愿创立，老师决定缩小规模，先办书院。

老师所收弟子中，有些后来成了电子新贵，像温世仁拍着胸脯向老师说："经营中国大西北交给我，大东北就请老师负责！"但老师仍决心以台湾为基地，在苗栗觅得一块约三十亩的农牧地，做为书院用，将山名定为"乾元山"。

古代太学是公学，不能私人讲学，五代、宋代私人讲学兴盛，带动了社会风气。人有人格，国有国格，书院造就人格。中国大书院都在南方，北方没有大型书院。传统太学、书院都是左庙右学。老师规划先建“人祖羲皇庙”，做了一块黑底浮雕金字匾额，并命弟子周义雄（周义雄师兄拜雕塑大师杨英风为师），仿北方建筑式样，画一幅透视图。

周义雄师兄从平面规划起，先定主殿厅堂、中轴线，依次前殿、后殿、左右厢房、钟鼓楼、神道、华表、牌楼、泮池，并设计了山水花木造景，每座建筑皆命名，庭园栽种千岁柏、万年松。

老师认为画八卦的伏羲是“人祖元圣”，“人祖”是人文初祖、人文始祖，《易经》第一卦乾卦卦辞“元亨利贞”，以元为众善之长。“元”是生生之源，万物有元才能大生、广生，伏羲因而被尊为“元圣”。

有元才能化生，太极生两仪，道生一、一生二，元是体，一是用，中国的体用之道就是元一之道，元一以为质。

《易经》是生生之元，《春秋》改一为元，有生生不息之意，王者继天奉元，养成万物，奉元即行元，《易经》体元为体，《春秋》奉元为用。老师传《易经》、“公羊春秋”，所以将书院命名为“奉元书院”，老师在纸片上写下“奉元”者，“奉元复性，慈孝贞德”，并伸言“蒙以养正圣功也。正者，止于至善也，即奉元以治天下，以行人事，天下之能事备矣、尽矣！”

老师正告弟子奉元五德：慈、孝、友、恭、信，并定下“奉元书院”的院训：

秉大至之要道

行礼运之至德

胜残去杀

天下归仁

中心安仁

天下一人

“奉元书院”院训用字平易，却是老师一生为学的最高境界，有以我华夏的弘道伟愿，非一贯五经和四书者所能了悟。老师之学在大《易》、《春秋》，《易》乾卦《彖传》说，“大哉乾元”，坤卦《彖传》说“至哉坤元”，“秉大至之要道”即秉持乾元大生、坤元广生之道；《礼记·礼运大同篇》说：“大道之行也，天下为公。”“行礼运之至德”即行天下为公之大道；“胜残去杀”出自《论语·子路篇》子曰：“善人为邦百年，亦可以胜残去杀矣。”孟子亦有“不嗜杀人者能一之”的说法，“胜残去杀”是天下一统的为政要领。《论语·颜渊篇》子曰：“克己复礼为仁。一日克己复礼，天下归仁焉。”天下能归仁，自己必先克己复礼；“中心安仁”则“颠沛必于是，造次必于是”，老师自号“安仁居士”。“天下一人”是把天下当一个人，“民吾同胞，物吾与也”，也就是仁者无敌，仁者没有敌人，视天下人为一人。简言之，老师决定用自己的“大学”，教育学生学大、学大人之学，栽培大人物，创造大气象、大功业、大格局。

老师还命弟子了解在乾元山设立书院应该申办的程序。

不过，进行并不顺利，“奉元书院”无法如愿兴建，而老师在台北授课处，因为是租用的，租期一到就要寻觅新址搬迁，老师在台北先后住过四维路、卧龙街、新店宝元路、耕莘文教院附近等处，十分不方便，决定购屋讲学。1979 年，老师看了几个房子，认为温州街某栋大厦的一楼房子有个地下室，方便上课，又离台湾大学不远，决定买下，但是现金不够，老师还向一家合作社贷款一百万,一年多才还清。

温州街的地下室就暂且成了“奉元书院”，老师的大讲桌，上面铺了黄皮塑胶厚布，桌前置笔架、书籍数本，以及一个保温杯；桌后有一张太师椅，椅后有一方黑板，西侧悬一付对联：“以夏学奥质，寻拯世真文。”一批批弟子坐在长条窄幅桌后，三四人共一长桌，教室空间能容纳近百人。巅峰时期，曾有二百五十人拥进，每人仅坐一小圆铁板凳，拥挤异常，弟子在夏天个个热汗直流，屏气凝神安静听课，乐此不疲。

周一至周六的晚上七点一到，教室后头通往一楼住家的楼梯间传来“咿啊”声，铁门旋开，启发弟子智慧的老师经年身着长袍，头戴瓜皮帽，配一黑色胶框眼镜，足蹬布鞋，踏阶而下，弟子自动起立鞠躬致敬，待老师挥手示意“坐！坐！”弟子坐下后，两个钟头的教学开始了。

“勉励你们，不光是为你们谋，还要为你们的子孙谋；要争永恒，不要争眼前。我到现在，没有一天不关心台湾。我住在台湾几十年，能说我不是台湾人？”老师如是说。

老师的上课课表从周一至周六，由晚上七点至九点。周一四子书，周二大易，周三诗书礼，周四大易，周五春秋，周六子书。

老师授子书，包括老子、庄子、荀子、韩非子、孙子、管子，并涉及《资治通鉴》和《人物志》。

就这样，一天接一天，一年过一年，一班接一班的生涩弟子进入了温州街的书院窄门，挺胸昂扬离开，三四十年来，不少大学校长、院长、系主任、教授，甚至中小学老师、全台三百一十九乡镇公所的许多课员、课长、里干事，都曾坐在这大约二十来平方米的狭窄空间内，屏神静气，一腔求知热情，快笔疾书，希望记下老师的每一句每一字。玩味老师之言，弟子们会体悟老师已经不是在讲学，而是用生命演活了经典，用经典印证了生命。许多学者专家都将中国文化当成研究对象，老师自己就是中国文化，生命活出中国文化精髓的哲人。

老师讲书，所言都是有典有故，有凭有据，像老师常讲"读书明理"，字义看似明白不突出，其实这是清朝皇宫皇子读书的上书房对联："立身以至诚为本，读书以明理为先。"

老师鼓荡着丰沛生命力讲学时，望着慕道向学的弟子总有遗憾，心中的"奉元书院"难不成此生无法在一片辽阔的林树间挂起已经设计完成的匾额和院训，将中国传统的书院矗立在一处美丽的宝岛上？

两岸全面开放后，已经八十七高龄的老师回沈阳新宾看看眷恋的故土，探望为数不多的亲人，修好永陵后，老师心生一个希望：北方没有大书院，"奉元书院"是否可以扩展到北方？

孔学重行，想到就要做到，老师亦然，老师和新宾（清朝的"兴京"，满族的龙兴之地）地方政府洽商先创办"满学研究院"，培育满族人才，续办书院，这项心愿很快达成。新宾政府允拨地十一点三亩，老师以义子之名，成立"兴京祖肇堂股份有限公司"，斥资台币数千万元，兴建了满学研究院。

满学研究院正厅高挑，十分宏伟，前后四大偏厅，有十八间房，中间是大园子；老师并提供丰厚的奖学金，辅助满族优秀子弟。

满学研究院兴建告一段后，老师立即着手设立“奉元书院”。

“奉元书院”本来就规划供奉人祖元圣伏羲，八十七岁的老师搭了将近两千公里火车，前往甘肃天水参拜伏羲庙。

为了参酌传统的大书院建制，老师又千里迢迢到南方书院取经，专程搭机前往杭州，参访马一浮所办的“复性书院”。

“若要人不知，除非己莫为”，这句话可以作正面解读，老师读书百年，行教六十多年，教出弟子万余人，许多弟子在学界、政界、医界，甚至商界都极为出名，老师即使“不易乎世、不成乎名”，世人岂会不知？

“不有梧桐树，难招凤凰来”，老师的名声不只在海外成名，内地学界也知道老师在台湾的书院讲学。北京清华大学国学院认为老师逐字解经的书院讲学方式，正是国学院所欠缺的，清华大学通过相关人士，向老师提出由清华拨地，兴建“奉元书院”。

北京清华大学为了表现诚意，邀请老师在该校成立“奉元书院”，并亲自讲学，去年年初（2010 年），清华大学常务副校长陈吉宁先生、杨家庆副理事长等人专程到台北拜会老师，并致赠清华大学图书馆收藏老师恩师王国维唯一墨宝复制品。老师睹物思人，见太老师手泽，老泪盈眶。

北京清华大学的国学院成立于 1925 年，有王国维、梁启超、陈寅恪、赵元任四大导师，国学院类似中国古代的翰林院，可惜只办了四年，但所收的七十一个院生，其中五十多人成为顶尖学者。2009 年，国学院恢复，成立王国维讲座和梁启超讲座。

王国维过世，清华建了王国维纪念碑。清大提出了最高规格的礼遇，老师若能亲自到清华讲学，将安排老师住在学校中心工字厅旁的古月堂，并在古月堂讲学。

老师闻言，不免追忆昔时恩师王国维的言情笑貌，兴奋激动，有意将奉元书院扩展到北京清华大学，拟派曾任台湾大学历史系主任的徐泓师兄磋商兴建书院的后续工作。

今年（2011 年）1 月 25 日，我先给老师拜早年，面有喜色的老师告诉我这个殊胜机缘。

老师百岁时仍然精神矍铄，鼓励前去请安弟子多加把劲，对自己的身体相当有信心："医生说我没有病，来日方长！"

前年（2009 年）11 月，老师说：冬天一过，五六月想回新宾。长白山秋冬严寒，不利老师远行。但是去年暑天，老师因气喘住在乡间休养，并未启程。

我感觉老师身体有些虚弱，老师叹口气道："我再活个三年，就已经有些勉强了，清华大学邀请我们办奉元书院，早两年多好！"

老师当然了解自己的生命终究有到尽头的一天，但依然信心满满地说："不急，慢慢来，世路难行钱为马，先成立同学会跟羲皇基金会，一步一步来！"

曾教过李登辉《易经》的师兄刘君祖于 1 月 10 日，被召往老师家中，老师喜形于色，仍说不急，这个总得慢慢来，要聚人、用才。刘君祖师兄感动之余，跟老师由衷说出心愿："老师，再活十年，创历史纪录！"老师一哂说："儒家人物没有活过我的！"

夏历年每年春节初一、初二，老师总会开门接受弟子们分批拜年言欢。

悠悠岁月，一年一年又一年，老师一百零六岁这年的春节，初一、初二在阳历 2 月 3 日、4 日。一如往年，拜年弟子排排坐，听老师教诲，老师心情甚佳说：“看老师这样子，像是生病的人吗？再活个五年没问题！”离开时老师挥手，与弟子们互道明年再见，孰料老师这年的挥手竟然也是向人间挥手，道别则是永别。

老师唯一未完成的惦念遗愿，就是“奉元书院”能否扩展到北京清华大学。

3 月 20 日，老师作古这天，本来嘱咐徐泓师兄在早上十点到温州街住处洽商细节，老师竟在清晨溘然长逝。

老师百日后，弟子们奉行老师宏愿，成立“中华奉元学会”，并在 10 月 2 日老师冥寿的前几天召开大会，徐泓师兄先于 9 月 8 日前往北京拜会清华大学副校长陈吉宁和国学院院长陈来、副院长刘东等人，赠送吴道子的孔子像拓本。

孔子绘像中，以吴道子的《先师孔子行教像》最有名，一般所见的行教像中，孔子双手在腹前交握，这个拓本其实非吴道子所绘本，而是后人摹本绘图，真本是双手在胸前交握。

老师说，古人摹本绘像有道德，不会全部一样，让人以假乱真。老师六十年前离开大陆时，特别携带这难得一见的吴道子手绘孔子行教像真本拓片。

老师生前吩咐徐泓师兄，以此礼回赠清华大学。

对汉民族而言，老师是个入侵的外族，所谓的夷狄；对台湾人而言，老师是个外省人，被当时的国民政府主席蒋介石“赏识”，押到台湾来监管的满清遗老。但老师深思满族武力曾经那么强，现在没了，这是文化的力量。“大公无私”，文化至大至公，

“奉元”就是为文化跑接力赛，有多跑的，也有少跑的，跑多少算多少。

老师教诲台湾弟子，从一人开始，有如老子所说的“道生一，一生二，二生三，三生万物”，1958 年收的第一个弟子是初中生，两个月后收第二个弟子是高中生，1971 年后收的大学生弟子一班接一班，每班数十人至二百多人不等。

老师讲经不像一般大学教授寻章摘句、训诂考证，而是依经解经，通贯六经，不作支离字解，如说《易经》重“通德类情”、“知周乎万物而道济天下”、“时乘六龙以御天”之要义；讲《春秋》申论“人人皆有士君子之行”、“居正一统，贵除天下之患”之大义；谈《大学》要“学大”，臻内圣外王之圣功；言《中庸》扬“中之用”，重视“致中和，天地位焉，万物育焉”的功夫，论《史记》阐述“贬天子、退诸侯、讨大夫”的史笔深意。

“以夏学奥质，寻拯世真文”，走进黉舍的入门弟子，不只有文学院学子，理工科和医科弟子也不少。真有一番惊天动地实务经验的老师，以自己的人生阅历举证，经典不是古人的死翻译品，而是活生生的经验，读古书不要做殡仪馆的化妆师，要以古人的智慧来启发自己的智慧。在二十平方米的小地下室，曾经挤进超过二百多人的学生，老师一字一句、徐徐不迫讲经，这声音穿墙破壁，回荡天宇。老师说“孔子述而不作”，他是“寻而不作”。

老师上课都有录音，由学生整理，存了不少笔录，后来却霉烂了，一把火给烧了。

不过，老师曾说要“正法”，给五经作标准解读，稿成两份，一留海外，一留台湾。

我请益老师，晚年的老师说，他有两部不传之学，“圣时”和“权权”。

孟子称赞孔子“圣之时者也”，老师把“圣”当动词，要圣这个时。《论语·子罕篇》载：子曰：“可与共学，未可与适道；可与适道，未可与立；可与立，未可与权。”“权”在孔子的境界十分高，通权才能达变，才能唯变所适，老师有意“权权”。

老师虽言“圣时”与“权权”为不传之学，但仍留下一些大义微言。

《易·乾卦·文言》“九五”：“夫大人者，与天地合其德，与日月合其明，与四时合其序，与鬼神合其吉凶；先天而天弗违，后天而奉天时，天且弗违，而况于人乎？况于鬼神乎？”

老师依文言将时分成先时、治时、奉时、失时四个时，在各个不同时位中，要利用六十四卦的时义和时用以御天下之事。

“权”是时用，用时即行权，春秋褒贬就有权。《论语》有两处谈权，一是《子罕篇》：“可与共学，未可与适道；可与适道，未可与立；可与立，未可与权。”二是《宪问篇》：“晋文公谲而不正，齐桓公正而不谲。”齐桓公与晋文公或正或谲，即因行权不同。

老师虽然生前未发表过自己的哲理文章，但就像孔子，《论语》也非孔子自撰，而是弟子笔录。天德黉舍和奉元书院弟子为老师辑录传文，责无旁贷。

“以夏学奥质，寻拯世真文”的条幅，老师写于“夏历甲子幸逢双春双雨水并闰十腊月念五日”，也就是1984年12月25日，但老师寻思“以夏学奥质，寻拯世真文”早在成立“天德黉舍”之前。

“以”者，用也。“夏学”为中国人之学。老师见世界纷扰不安，西方之学以私利夺权为治国要义，无法一平天下，唯有从夏学的深奥义理，去寻求拯救世界的真文。

夏学奥质详载典册，寻求拯救世界真文者，老师之后，又有何人？

# 八

# 上修祖陵下拥爱孙

1974 年，我从台湾大学哲学系毕业后，便自行创立出版社，由于业务繁忙，只好结束在“天德黉舍”的读书日子，我得到老师的训诲只有三年。

1981 年，我的人生之旅遭到极大的挫折考验，1986 年，我回黉舍看老师，老师指示我住在新店一处山间花园小屋。

1953 年，一位留法的建筑师在新店北宜路一处山边，开筑了数百米长的石板路，设计了七连间红砖黑瓦平房。前庭五六十平大的竹园，俊挺的孟宗竹高可参天，园中恭立了一个数百斤大鼎。屋后开辟了一个百坪大的茶园，环园数十甲保安林，遍生密可遮天的药草、野草、常绿灌木、落叶乔木。

平房前面七棵大树一列排开，其中两棵是茶花，四棵桂花结了小小黄花，每一小花有四片花瓣，香气清爽。

最大的一棵树挺立在我的窗前，从母干斜出三分枝，每一分枝又分成几根细枝，浓密的绿叶在冬天仍然光亮闪烁。每天天一亮，我推开窗子，它看着我，我看着它。有一天，一个爬山的中年人，走到大树旁，昂首看树，露出惊奇的神色说：“这棵含笑怕有百年了！”这中年人一声赞叹，提醒了我，每天面对的大树是含笑——我看含笑，含笑看我。

七间平房的正中央是个较深长的堂厅，供奉了一尊陶塑清装人物座像，黄缨呈八字分披，上面有“华夏学苑”的横匾，两侧是“万世师表”的黑底金字。

我几乎整天都在静园读书写字。每天面对的是花木虫鸟，只有两条白色狐狸狗陪伴我。这两条狗温驯可爱，老师叫那两条狗是“阿美”和“阿苏”。

这个园子的正门朝西，砌了一个红砖黄盖的窄门，往下石阶约有四五十级。门额嵌了两个金色的隶字——“静园”。

“静园”罕有来客，有时整个星期也未有过客，我心想“静园”的园名取得实在，确是宁静、安静之园。

老师不定时间上“静园”走走。老师不过年，家中也不贴春联，只有“静园”贴春联。我住的第一年春节前，老师拿了长香和几叠银纸上山，还带了一幅对联：“天下众生仁者寿，世间凡事礼为尊。”

我在“静园”住了三四年，当“静园”只是一处良好的养心休憩之所，不知道“静园”珍藏了老师的弘愿与失落、回忆与沧桑、祈求与追悼。

“静园”并非如表面字义，是个宁静、安静之园，而是老师刻骨铭心的筑梦之园。

溥仪在1924年遭冯玉祥赶出紫禁城，就在天津租房而居，1929年赁居“静园”，老师与溥仪在“静园”谋思复辟良策，“静园”可说是酝酿“满洲国”成立的摇篮之园，老师为纪念伪满洲国，因而将台北新店这个园子取名“静园”。

老师悬挂“静园”二字时，曾召几个弟子到“静园”，说明“静园”之义。

“华夏学菀”的横匾悬于静园中厅的主堂祭桌上方，“华夏学苑”和“天德黉舍”都是集王羲之字的浮雕匾额，仿北京故宫九龙壁琉璃浮雕，中间二龙戏珠，左右加二共六龙，姿态不同，塑于底层，采用《易经·乾卦·彖传》“时乘六龙以御天”之义，老师勉励弟子要乘六个时位，来御天下之事。

“华夏学菀”和“天德黉舍”二匾额外加浮雕花纹边框，高低匀称，主次分明，色彩淡绿，是师兄周义雄之作。

“天德黉舍”横匾，老师悬挂于温州街的讲堂之上，下有熊十力椭圆形浮雕像，老师坐在熊先生的浮雕像下授学；“奉元书院”的横匾只有墨笔，尚未完成雕饰。

老师因三件宝物失去，未能成立汇聚世界中华文化的夏学研究中心，将“华夏学苑”的心愿悬诸“静园”的祖堂正殿供桌之上。

老师在太师母百岁时，舍园为庙，接“静园”横匾之下，悬挂“人祖羲皇庙”，并铸鼎炉供于正殿右前方的长方形庭园中，恭上太师母百寿千秋，“人祖羲皇庙”匾额右上方和鼎炉正上方都有“仁寿宫”金字。

老师继“华夏学苑”未成后，发心办“奉元书院”。中国太学、书院左庙右学，太学供奉孔子，书院供奉先贤，老师拟将供奉之庙定为“人祖羲皇庙”。伏羲是人文之祖，故称“人祖”，又因伏羲画卦，以元为四德之首，亦称伏羲“元圣”，奉元书院即供奉人祖元圣伏羲。

老师的“仁寿宫”不能仅就字面引《论语·雍也篇》中“知者乐水，仁者乐山。知者动，仁者静；知者乐，仁者寿”来解释，老师于丙寅年（1986年）供立“仁寿宫”，应从老师所书对联了解：“天下众生仁者寿，世间凡事礼为尊。”

“礼为尊”是隐含先祖代善能得“礼亲王”称号，中国历史上前所未有，故言“礼为尊”；“仁者寿”，不仅是孔子之言，仁者才能与天地同寿，更有太师母百寿，亲儿“安仁居士”为娘亲上百寿之意。

正殿供桌上的“华夏学苑”两侧有四个黑底金字“至圣先师”，老师尊孔，也奉祀至圣先师孔子。

馨香祷祝的祖案上，供奉一尊泥塑清朝袍服人物座像，这座像是光绪皇帝。光绪皇帝没有子嗣，老师认为光绪可怜，所以设供，供奉光绪亦即敬祖。

1981年9月30日，老师也在静园首次祭祀清太祖，述事继志，无愧先祖。

从“天德黉舍”和“静园”的匾额字画中，老师来台六十四年，可以概括老师心之所主为“无愧祖宗，无忝所生，广圣学，兴治艺”十四字。

历史圣贤和教主大师，教学说法较久的，其中创立佛教的释迦牟尼佛说法四十五年，八十岁示寂；翻译佛学《大般若经》的玄奘大师九十岁圆寂；孔子弟子三千，七十三岁作古。

中外历史名人、今贤古圣，应再没有比老师读书百年，教学六十年以上更长的了。

老师讲学不落空，讲的是内圣外王、治国平天下、己立立人之学，老师还成立夏学社，恭印《御批历代通鉴辑览》、《孙吴兵法太公六韬》、《辛斋易学》、《新校慈恩本周易集注》、《妙法莲华经》等书，老师可说已达成太师母嘱咐刊经，广圣学兴治艺之命了。

老师为太师母造像千尊，舍园为庙，镂鼎馨香，虔报罔极，也可谓无忝所生了。

若说老师还有遗憾，则是青壮之年被拘禁在台湾，无法施展文韬武略，一展平生所学。

老师在台湾六十多年，不像一般文人只会据文案办公。老师天天看报，分析天下形势，臧否人物，关心时事，壮心不已。

我住静园第二年夏天，某日下午四时左右，老师上静园。那条叫唤“阿美”的狐狸狗已在一星期前死了，我向老师禀报：“阿美死了！”

老师闻知半晌，叹了一口气，我以为老师有些不舍感伤，却听到老师说：“还是苏联较强较可怕！”

我一听呆愣片时，老师在我上静园时，告诉我那两条狗叫“阿美”、“阿苏”，内心还有些奇怪，一般人给狗取名，可爱平顺，老师给一条狗取名“阿美”，另一条应叫“阿丽”才对，怎么叫“阿苏”？原来老师对美苏两大国印象不好，所以把两条狗叫“阿美”、“阿苏”，以之为戒，提醒要思考如何面对美苏。

老师还说：“美国人迟早要倒霉，现代人说‘臭美’，美国发臭时间不会等太久了！”不过，老师在黉舍授课分析政情，曾说：

“别看苏联强，内部冲突严重，迟早要分裂的！”对苏联面临崩解的政情发展，老师在上世纪七十年代已经作了预言。

老师对八国联军残杀中国人，还在太庙上养马愤怒难平，对苏联教唆外蒙古独立更是痛心。

当天，老师坐在厅堂太师椅上跟我聊天，突然顺手从供桌上拿起一根火柴棒，屈指一弹，那截火柴棒射向对墙的一只壁虎，那只壁虎应声掉落地面，翻肚而亡。

老师看我目瞪口呆，嘿笑一声：“想当初，我双枪齐发，还杀了一些日本兵。”

我在社会上闯荡多年，有个辅大学长曾说：“毓老武功高强！”

老师一身长袍马褂，长髯飘拂，鼻悬胶框眼镜，教诲后学读圣贤书，谈道德文章，让我们沉浸在经书的智海中，很难想像老师和武功有关，我总以为是无稽之谈。这天，陡然看见老师的身手，才半信半疑问老师：“老师学过武功？”老师一哂而笑。

老师武艺高强，直到两年前，我才确信。当时我写了一篇老师的文章《江山万里梦》，老师一时兴起，找出一本相簿，里面有一张黑白照片，是一个原住民武士照片，这张照片的武士未蓄胡须，左手握刀鞘，右手刀露出白刃，初看有些面善，定睛一瞧，我一时瞠目结舌，结巴问道：“老师，您怎么作这身打扮？”

“这是卑南族的武士装，我本来就是武士。”

张其昀曾经不相信跃马长白的老师，是饱读古籍的大学问家，我们大多数在毓门受教的弟子，也不会想到老师曾有叱咤风云的岁月。

在老师诸多神秘传奇中，老师自己不说，他人说又不证实或否认，我们在半信半疑中，只能当传言。老师武功高强之说，我若非亲眼目见老师弹指打下壁虎不会相信。老师作古后，我看到老师作息表有静坐、气功、活穴，这才确定老师不只有武功，而且武功高强，他一枪打死日本大佐，不是枪法不准，而是枪法神准。

武士无用武之地，当然惆怅神伤。老师在台湾定然有“无力可回天”的孤臣孽子悲凉。

老师曾经说过：“老天爷让你活过百年，一定有活的理由。”殉节容易守节难。一般人越老越糊涂，老师曾自言“老了还不糊涂”，这是多么难得。老师大概没想到上苍要他活百岁的理由，是让他以无忝所生之德，为祖先奉献最后的心力，为人性高风亮节做见证。

老师的礼王府祖先葬在北京海淀区的门头村。礼烈亲王坟地坐西朝东，建有宫门、红墙、碑楼、享殿、月台和宝顶，墓碑两面镌文，背面为乾隆赐诗。

代善七子满达海袭爵，园寝在代善坟地之北，八子祜塞的园寝在代善之南，门头村还有满达海长子常阿岱，祜塞三子杰书和杰书五子椿泰的礼王坟。

礼亲王坟现存遗址，只有礼烈亲王碑螭首、康良亲王螭首龟蚨碑、惠顺亲王碑龟蚨、惠顺亲王碑螭首。

“门头村”以前大概叫“门头沟”，老师曾考虑将书院建在门头沟，叫师兄白培霖去门头沟看看，还说那里是他们家的园寝。

1993 年夏天，老师在两岸全面开放后，返回长白故土，先看礼亲王祖坟，老师十分痛心原被国民党政府列为十三处保护区之一的门头村树木，在 1929 年蝗灾锯过一次，1944 年在日军胁迫下献树上千株，看林的人又放树卖钱，古树无存，老师只见数千株果树。

老师年轻时常常到祖坟望月，和祖宗聊天。皎洁明月，笑脸道晚安。祖宗如青山，老师如松柏，粉身碎骨，永不相负。祖坟遗物所留不多，老师怆然莫已。

老师看完祖坟，又去看皇陵。清代皇陵指的是分布在河北省遵化市马兰峪的东陵和河北省易县的西陵。被孙殿英部队偷盗的乾隆陵和慈禧太后陵在东陵。东西陵都被联合国教科文组织列入“世界文化遗产名录”，保存情况算完整。

除了东陵和西陵外，清代还有努尔哈赤上五代的祖陵，座落在辽宁抚顺永陵镇的永陵。

永陵建于明万历二十六年（公元 1589 年），毁于公元 1904 年的日俄战争。永陵安葬的是“肇祖”孟特穆、“兴祖”福满、“景祖”觉昌安、“显祖”塔克世以及努尔哈赤两位叔伯礼敦和塔察篇古。

孟特穆为“肇祖皇帝”是清太宗皇太极颁布的，但老师依《清太祖武皇帝实录》，称肇祖是布库里雍顺。

老师见永陵残垣残壁，门口的石狮子被打断了一大截，十分伤感。一位当地老人见老师腰系一绺黄带子，作势要下跪，老师伸手制止说：“现在不兴这个了！现在不兴这个了！”老师于是结合辽宁省抚顺新宾满族自治县的当地力量，配合政府支持，重修永陵。

永陵格局分成三部分：前院、方城、宝城。方城内有启运殿、东西配殿。启运殿为享殿，是祭祀主体建筑。东西配殿即果房和膳房，因大水泛滥冲毁，老师决定捐钱修复。

重修永陵期间，当地人见老师常在永陵散步，好奇地问：“您老是外地人吧？”老师回答：“永陵是我的老祖宗！”

中国国家民族事务委员会派来修陵的人，半夜不敢外出，怕见鬼，老师却时常夜出，别人问不怕鬼吗，九十岁的老师答说：“我很愿意晚上和老祖宗聊聊天！”

永陵修缮完成，老师在永陵前矗立了一对硕大的白色新石狮，上书“礼烈裔孙金成偕台北奉元书院弟子恭献”，并在永陵前院东侧重建果房，西侧重建膳房两配殿，并建有三间青砖瓦的外廊式房子。

老师又在离永陵不远处的“显佑宫”铸造一口大铜钟，钟上浮雕台北奉元书院弟子的名字。

“显佑宫”是努尔哈赤建妥赫图阿拉城后，续建的皇家寺庙群之一，除“显佑宫”外，还有“地藏寺”，统称“皇寺”。显佑宫的铜钟已毁坏，老师重铸纪念；“地藏寺”的负责人认为溥杰已死，皇族够资格为皇家寺庙题字的是老师，向老师求字，老师题字后的落款是“长白毓鋆时年九三”。

永陵于1993年斥巨资重修，1997年修成。2004年，永陵继东、西陵之后，被联合国教科文组织列为“世界文化遗产名录”，老师露出罕见的笑容说：“得了金牌奖。”

永陵列入世界文化遗产那年，老师并没回去，同门师兄弟问老师为何不回去，老师说：“成事业，绝不可争功。老子曰：‘夫唯不争，故天下莫能与之争。’尽责任，牺牲享受，享受牺牲。一辈子没有享受过，只有得到世界文化遗产这件事十分开心，精神愉悦比物质快乐。”

老师修成永陵后，永陵镇人民政府拨了十一点三亩土地，让老师私人使用七十年，老师却成立“兴京祖肇堂股份有限公司”，决定兴建满学研究院。“兴京”就是“新宾”的清朝地名，是大清的龙兴之地，“祖肇堂”有缅怀大清肇祖之意。

满学研究院由世代修筑故宫的大连设计师设计，宫殿式建筑，正殿梁柱彩绘，回廊梁柱亦彩绘，门板龙纹浮雕，做工精美。

满学研究院除主殿外，两边建有厢房，正殿和后殿都有广场和草地，气派典雅。

兴京祖肇堂投入老师近乎所有的资产积蓄，斥资台币数千万元，兴建了满学研究院。这些钱其中一千万由弟子龙静国捐赠。龙静国在老师帮助下，于海南岛成立人工钻石公司，赚了钱回报老师。义子张景兴协助德国厂商成立钻石制造厂，德国厂商致赠一千万台币。由于老师又设立奖学金，资助四十八个满学弟子，耗费不少，老师将几十年的束脩都投入，仍然不够。不得已，将温州街房子抵押借款一千二百万元。老师在三十多年前为了方便讲学，买了温州街的房子，贷款一百万；三十多年后却为祖宗和满族贷款一千二百万元。老师修祖陵，建满学研究院，相信太师母会称许他“无愧祖宗”。

老师在大陆育有一子二孙，修永陵时，未曾见过面的两个孙子来探望老师，不解问：“爷爷，修这个干什么！”

老师苦笑无言。

从物质生活来说，老师来台后，物欲极浅。

老师租卧龙街时，多了三间房子，要三个弟子分租同住。早餐自理，中餐煮面，面捞起来拌上芝麻酱，上面放几片小黄瓜，煮面的水就是汤，晚上合伙做饭，买点肉和菜，老师也切肉做菜；不做饭下面，就外购十五粒水饺，一碗酸辣汤，或者一笼小笼包，一碗蛋花汤。

老师说宫廷御膳房的点心入口绝不硬，火候刚好，现今点心百分之八十都不对味。现代人常骂人光会吃，其实会吃不容易，真要有学问。老师回故乡时，曾到北海吃御膳。经营主人知晓老师来自宫廷，请教老师，他们的手艺如何，老师回说："葱切得像！"

老师切肉顺肉的纹路，符合孔子"割不正不食"，老师解为不按着肉的纹理割，就会破坏肉质，肉一定做不好。讲究美味的老师虽然批评几家台湾驰名的馆子味道不正，但自己并没吃多少好东西。

常啃硬面包的老师，七十多岁时，牙齿还很好，他告诉我，将葡萄冷冻成小硬球，咬起来有味道。

老师曾苦笑："一个人无价宝。"因为一人吃全家饱。

老师从小就不习惯吃菜，菜下肚容易反胃，跟老师合伙的同学油水太少，受不了，住不下去，但老师在八十岁前，双手却洁白如玉，没有丁点老人斑。

老师的外甥女来看老师，老师和外甥女比皮肤谁较白较嫩，外甥女比不赢老师，瞋笑道："舅舅欺负我！"

几位常和老师聊天的同学问老师，皮肤怎能那么光滑柔嫩，老师得意之余，撸起袖子，露出整条手臂给同学看："你们摸摸看，真是滑嫩！"老师在同学称赞惊讶时会说："咱们以前啊，你们太师母让我每天吃珍珠粉。"

老师拜郑孝胥为师时，郑孝胥有早起习惯，自号"夜起庵叟"，老师受到影响，每天早晨大约三、四点起床，必有运动。白天读完一段书，作十分钟家事。八十岁后，老师有些心律不整，血压小毛病，八十三岁罹患胃癌，经台大医院动手术后，完全康复。老师说："人的身体是否健康，必有原因。"

老师康复后，赴新宾修永陵，还能长途跋涉。陪伴老师前往的弟子阮品嘉师兄佩服说，九十几岁的老师还能咬核桃。老师甚至后来还长新牙，胡子有些变黑，眉毛从来没有白过。

老师百岁那年，因肺积水而住院。过百后，医生诊查无病，只是老了。弟子不解老师如何养生，才得长寿，老师在一家土木工程行的小广告纸上记下了八十三岁后的规律生活表：

四时：静坐、气功、活穴

五时半：进参汤，沉思

六时：进早膳，去书院

七时：元祖坛前晋供，静祷沉思

七时半：阅信函，分复

八时：研会务，分别指示要点，然后开始学术研究

九时：进点心，继续工作

十一时：会客，无客继续工作

十二时：进午膳，阅报

十三时：小睡

十四时：研会务，继续学术研究

十五时：进点心，继续工作

十八时：进晚膳，返舍

十八时四十分：沉思居敬

十九时：讲学二小时

二十一时：活穴

二十一时半：点心，进奶一杯，果类少许

二十二时：阅晚报及信函

二十三时：静坐

不过，我们弟子们仍不免好奇，老师的养生应有偏方妙药，师兄潘英俊就请教老师，老师回答了四个字："问心无愧。"

老师曾说："别人问我，你是什么学派的？我说，我是问心学派。"原来，问心不只可作为行事准则，也可养生。

老师生活多亏有义子张景兴夫妇的照顾，再度享受家庭的温暖。

义子张景兴在 1967 年从嘉义北上考高中，就和老师同住在洲尾村。大学毕业，娶了媳妇，并育有一男一女，从此，老师有了含饴弄孙之乐。老师将义子张景兴列入礼王府族谱的"恒"字辈，命名"达"。

老师小时候常跪，跪父母，跪祖宗，跪皇帝，天地君亲师都跪。长大陪父母吃饭，虽然不跪，仍是站着。义子夫妇和老师说话，恭立不坐，但两个孙子小时候却"公然造反"。

老师四五岁在太师母面前跪读背经书，老师要孙儿背《黄帝内经》和《大汉和辞典》，孙子问："爷爷，为什么要背？"老师说："背下来，才能玩味。教你们背书，是为你们生活啊！"孙子不以为然说："生活好，不用读书。"孙女更直接说："我不要读，太难了，我怎么生活在这种家庭？"

老师爱孙，有时语气谆谆，重复提示，孙女说："爷爷，你少说点话！"老师问："为什么？"孙女说："话太多了！"

有一回，老师要孙子"盍各言尔志"，孙子是"台大门前摆地摊”，孙女是“钢管女郎”。老师有一天在整理东西，孙女好奇地问，老师回说：“准备卖宝贝，找女朋友，另立新房！”孙女马上回说：“门都没有！”

有一天，孙子不想听老师说话，反说：“爷爷，我给你说点你不懂的。”老师说：“不要！”孙子居然回答：“落六。”老师纠正说：“是落伍，不是落六。”孙子咯咯笑出声来：“比落五还落后，就是落六，爷爷是落六嘛！”

老师上课时，常将和孙子、孙女斗嘴情形转述给弟子听，老师说：“你们来上课，受我气；我上楼，受孙子气——这就是报应！”老师口说“报应”，嘴角却是扬了起来，语音带有甜甜的味道，十分享受这种“报应”。

老师这辈子唯一的左拥右抱，就是抱孙子，两个孙子长大，最倒霉的就是那条马尔济斯狗。老师很喜欢这条狗，孙子还没出生前，吃饭常抱这条狗，狗上饭桌也没关系。孙子长大后，就坐在老师两侧，那条马尔济斯狗不晓老师“移情别爱”，心中另有所属，还以为自己仍得老师宠爱，照常上桌，不意却听老师语气不对：“下去！”

两个孙子就读的是新民小学，老师对“新民”两字十分重视，他认为“亲民”的目的在新民，所以说《大学》是学大，《大学》的三纲领是“在明明德，在亲民，在止于至善”。老师在伪满洲国创立“新民农校”，孙子读“新民小学”，新民小学募款筹建图书馆，老师以孙子和孙女的名字捐了五万元。

老师关心孙子、孙女的安全，常到孙子、孙女的学校走走。老师常散步到水源路附近的市场，帮孙子、孙女买衣服、鞋子。

老师对孟子所谓的“大人者，不失赤子之心”深深体会，常常以赤子心来解读大人，而且见解独到：“赤子心是无私之心，赤子手拿东西吃，你要他分一点，他全都给了你；孩子有是非心后，你要分他一点东西，他转头拒绝，已失赤子心。”

孙子、孙女长大后，开始知分寸，少和爷爷顶嘴抬杠，老师有些惆怅失落，似乎天伦之乐少了些：“我年纪大了，舌头有些笨，讲话速度慢，两个孙子现在长大了，不太说真话了。”

老师捐款重修永陵，得到联合国教科文组织列为“世界文化遗产名录”，满学研究院不仅吸引了满人，也吸引了各地观光客。

老师第一次带几个弟子到新宾，整个城里，中午没有馆子吃饭，转了半天没发现店面。有一位大婶，看他们一伙人没吃饭，就在家里下面，打上蛋，当成午饭给大家吃，没有收钱。老师修好永陵，建了满学研究院。中国政府于是拨款兴建新宾基础建设，带动整个新宾发展，凋敝的民生大为改善，老师可说是无愧祖宗。而祖宗保佑老师的是，孝子在侧，双孙左拥右抱。

老师年轻时虽然玩刀弄枪，但对近代科技文明陌生，连打公共电话都不会。老师在外头要联络家人，都是请人帮忙打电话。

老师九十五岁后，去台大医院检查身体或看病，都是坐轮椅，由义子开车接送。有一天，老师看到地铁站，想进去瞧瞧，义子牵着老师的手搭电扶梯，老师竟然摇头不敢搭。

俭是美德，老师可说是至俭。我在外忙事业时，曾碰见老师几次，老师常常走路到附近的民众服务站，除了散步，就因为那里有免费的报纸可以看。

老师的眼中没有废物、弃物，每一张纸都留了下来，老师有几十年前的剪报，舍不得丢，临时小记都写在过期日历的背面，或废纸上。我近几年看老师，有时忘了带记事簿，找到的白纸，都已经泛黄。

老师手中的装物塑胶袋十分老旧，我买了一个质料不差的袋子敬呈老师，老师仍然用旧袋子。

温州街住宅，老师一住三十多年，没有修缮过，地下室的课堂也未曾粉刷过。

为了省电，老师有时找书不开灯，拿手电筒找书。

2010 年某一天早上，我连听老师三个小时训诲，想上洗手间，一百零五岁的老师从地下室扶着铁扶梯上楼，整条通道黑漆漆一片，我看不到路，刚踏上一楼，鞋子遭东西粘住，老师适时说："小心，有粘剂，粘蚊虫的！"

老师认为东西浪费不用可惜。前年夏天，我看到老师穿了一件橘黄色的衬衫，外套夹克，和老师平常长袍马褂衣着迥然不同，不禁笑问："老师怎么穿得那么年轻，好鲜艳的衣服！"老师嘿声道："他们买的，不穿可惜！"

但分文不浪费，生活俭仆的老师却大方地为祖宗、为满族慷慨捐输，竭尽所能。

老师一生传奇神秘，知者叹为观止，不知者难以置信外，有些还认为老师大了，头脑难免有问题。

离开阳明山十多年后，老师有一天心血来潮，到阳明山看看他初落脚的地方，见黑头车来来往往，宪兵警戒森严，他当年住的地方已成行馆。

警卫看老师站在那地方观望，立即前来盘问："干什么？"

"看一看！"老师应声道。

"有什么好看？"

"看看我以前住过的地方！"

警卫看老师长袍马褂，十分威严，又听老师如此回话，不晓老师何方人物，不敢催促赶人。

老师首次回内地，由弟子蔡明勋陪同，老师去看礼王府，站在已经成为民政部办公处的旧王府入口，向蔡明勋说：“这是王府侧门。”二人正在观看时，看守的武警走过来问：“老先生，你在看什么？”

老师答说：“我在看我家！”

那武警看老师年纪大，想是头脑不清楚，客气请老师离开。

## 九

# 履林海而恨满关山

2010年夏历春节年初一，一百零五岁的老师一如往年一样，穿戴整齐，八点整，端坐温州街的住处地下室，分批接受从四方而来的弟子拜年贺节，并说些勉励的话。

每逢佳节倍思亲，在台湾守节几十年的老师，对着满堂弟子感叹说："我这一辈子，对不起两个人，一个是你们太师母，未能尽孝；一个就是你们的师母。我们满族女性个性刚烈，绝不会再嫁，她不再嫁，我能再娶吗？不只女方要守节，男方也要守节呵！"老师接着又自我揶揄道："现代人喜欢天上掉下来的礼物，我一个人过，不是守分，而是没碰过天上掉下来的礼物啊！""老师一个人在台湾几十年，到现在还找不到美女，都比不上我们家黄面老太婆。"

老师说在台湾几十年，还找不到比师母还漂亮的美女，现在一般男人也常情人眼里出西施或“言不由衷”的当面夸说太太，但老师如此称赞师母，绝对是发自内心。老师曾向晚年较接近的弟子透露，他看电影《梁山伯与祝英台》，师母的长相就像女主角乐蒂。

也许是儒家文化有父子不责善，责善则离的观念，老师的父子之亲似乎不如母子之情。

老师恭上太师母百寿印《妙法莲华经》，撰写了二百五十五字前言。这短文有阿玛的名号。

老师在夏历丙寅年（公元 1986 年）八十岁时，太师母正好百岁，老师造像刊经，舍园为庙，这篇短文精妙，深契儒释道三学：

> 观音大士随声救苦，普引道俗，皈命西方极乐世界阿弥陀佛。长白毓鋆，以念亲故，示入诸相，敬发愿心，具严绘事，造相千尊，数载圆满，以荐父母冥福。于丙寅新正既望，恭上先妣钮祜禄氏太夫人百寿千秋，并祈先考礼惇公莲池升座，设供于燕子湖畔印月禅寺，鋆拜手稽首而献众供养。结缘刊经，处处般若。见闻随喜悉成佛，不择人天与虫鸟；一念慈悲是西方，众善奉行即净土。愿我先父母与一切众生，在处为西方，所遇皆极乐；人人无量寿，无往亦无来；同证无上，永不退转。
>
> 愿以此功德，普及有情类；
>
> 我等与众生，皆共入佛位。
>
> 造像刊经，舍园为庙，镂鼎馨香，虔报罔极。

夏历丙寅菊月上浣日于古咏豳轩。

不孝

金成率媳钮祜禄氏跪上 幸托恩庇 同值耋龄

右文记载，老师自言阿玛是“先考礼惇公”。溥仪所著《我的前半生》说，他的祖父奕譞世袭醇清王，死后谥法是“贤”，后人尊“惇贤亲王”。我们再参照老师先祖代善“礼烈亲王”的尊称，“礼”是礼亲王，“烈”是谥号；因此，老师说他的往生父亲是“先考礼惇公”，“惇”是老师阿玛的谥号。“礼”即礼亲王。

老师自言，礼王府三代单传，谈到阿玛，都是不经意带过，有一次说：“我祖父信丹，父母信佛，我只信心。”另有一次谈礼王府施药助人两三百年来，有时候求药人多，老父亲也会卷起袖子帮忙。

老师于“天德黉舍”授课时，客厅悬挂了太老师康有为所题的“咏豳轩”横额大字。“咏豳轩”的左方有一直行字——“子良仁兄属”，左下方则是“康有为”三字及用印。老师是太老师康有为弟子，“子良仁兄”当然不可能是老师，应该是老师的阿玛。

“豳”是古代国家的名字，周的祖先公刘曾经率领周人迁徙豳地定居，故称公刘为豳公。《诗经 · 豳风 · 七月》这篇诗，唐朝陆德明作了题解：“周公遭流言之难，居东都，思公刘、大王为豳公，忧劳民事，以此叙己志，而作《七月》、《鸱鸮》之诗。”后人借豳公寓仁君或临难不苟的贤臣。“咏豳”即歌咏“秉大节”、“临难不苟”的仁君贤臣之意。

太老师康有为在溥仪被逐出紫禁城后，曾亲往天津的溥仪行在张园觐见，并曾在张园讲公羊春秋，老师应该是在张园拜康有为为师。

康太老师在1927年病亡，他所书的“咏豳轩”是歌咏仁君贤臣之事，是不是老师的阿玛那时已有爵位，太老师希望老师阿玛好好辅佐溥仪呢？

老师这一支系的礼亲王祖先昭梿是礼亲王代善的第八个继承者。昭梿在嘉庆时被削爵，由昭琏侄儿麟趾袭爵，老师说：“每一个家族都有自己的恩怨。”麟趾之后是全龄、世铎、诚厚、诚堃、睿铭。诚堃和睿铭应该都非老师的名字，也因此，诚厚可能非老师父亲，世铎非老师的祖父。但老师一到台湾就被尊称“王爷”，而周恩来、李宗仁看老师时都称“王爷”。

溥仪于“九·一八事变”那年冬至的内廷会议，在“满蒙”军事主持人息侯、太傅陈宝琛、伪满洲国复辟大功臣郑孝胥及随侍诸臣前宣谕，老师是“内廷良驹”，有当面钦点继承之意，老师岂无爵位？

礼亲王的爵位可说是清代诸王之首，历代皇朝帝位大都是争位，没有礼亲王。只因老师先祖代善以礼让国给皇太极和福临，才得此尊崇称号。袭代善爵位的七子满达海赐号“巽”，成为巽亲王，代善八子祜塞的三子杰书袭巽亲王，改号康亲王，而后的椿泰、崇安、巴尔图、永恩也都袭康亲王。

1778年，当时的乾隆皇帝追念代善功劳，将康亲王的袭位改封为礼亲王，昭梿所袭的王位即礼亲王。

溥仪是否有改封礼亲王或另赐老师爵位，我们这些弟子因凛于老师不谈身世背景，并说：“谈身世，靠祖宗吃饭丢脸！”没有人怀疑老师的爵位，没有人敢“放肆”，提出相关问题。

老师曾用“世铎精庐用笺”。《论语·八佾篇》载：仪封人请见曰：“君子之至于斯也，吾未尝不得见也。”从者见之。出曰：“二三子何患于丧乎？天下之无道也久矣，天将以夫子为木铎。”老师解读此章说：“我们这个上课的地方就是司铎堂！”老师言下之意，自许为司铎，“世铎精庐”的文义即老师有意为世界文化司铎。古人有为尊者讳、为亲者讳的规矩。老师祖父若是世铎，怎会用“世铎精庐用笺”？不过，仍有师兄认为老师用“世铎精庐用笺”，可能非自己印的，而是非常亲近的人所留下，至于是否即为礼恪亲王世铎（世铎谥号“恪”）不得而知。

再说，世铎之子诚厚于民国二年（1913 年）袭父礼亲王爵，民国六年（1917 年）正月廿四日死亡。老师有一天向一位晚年较接近的弟子感叹说：“老父亲走的时间好，在‘满洲国’故去，才能办较风光的葬礼。”这位弟子本以为老师的阿玛是诚厚，听错了，脸露不解之色，老师见颜色知其意，说：“我老父亲走的时间，我做儿子的会不知道吗？”

老师既然不是世铎的孙子、诚厚的儿子，那么，老师是不是生在礼王府？有没有复爵呢？

老师曾说：“皇宫里头什么都是宝，连夜壶也是宝。古人说‘珠履三千’，有一双珠履就能够吃两辈子，礼亲王府有好几双，那是历代皇帝赐给亲王大福晋的。”

老师又说：“王府规矩最多，换脱衣服鞋子，都马虎不得，连看一下自己的儿子，都像朝圣一般，后来索性不看了，儿子爱怎么长就怎么长！”

老师还带弟子到北京西城区的旧礼王府，指出他出生之地。老师曾出示过他所带来的“玉牒”。“玉牒”高约十五公分，宽约八公分，绘了清朝历代皇帝图像，贴在黄绫上，这份玉牒独缺嘉庆皇帝。老师说：“谁能拿出这份玉牒，我就承认他是爱新觉罗子孙！”老师言下之意，玉牒是身份的证物，不晓是否跟爵位有关。

有爵位才称世家，老师气势非凡，一看就是世家子弟，老师在课堂上常提老父亲是“老王爷”，母亲是“太福晋”，老师一言一行都十分慎重，不可能父亲未袭爵而尊称父亲是“老王爷”。

我们从其他资料来推测。

溥仪太傅陈宝琛从天津溥仪身边离开，回福州休养。伪满洲国成立前，老师奉谕至福州接陈太傅至旅顺晋见溥仪，老师岂是无爵?

2007 年 1 月，蒙古共和国第一任总统彭萨勒马·奥其尔巴特访台，参加“全球新兴民主论坛”，老师到台北故宫与其会面。老师说，奥其尔巴特是他的表亲。满蒙基于政治联盟而联婚，师母是老师的表姐，可能和彭萨勒马也有姑表或姨表关系，老师的阿玛若无爵位，何得此姻缘，而岸信介身为日本首相，指明要见老师，又岂是无因?

再从另一角度推测。

金寄水有一篇《王府生活实录》。描述公元 1922 年至 1924 年北京王府生活实况，特别提到礼王府日益衰败，以府内秘方卖给同仁堂制药，借银度日，到民国前，所欠债银达数万两之多，不得不将花园抵债售予同仁堂，成了乐家乡村别墅。诚厚的后人睿铭后来搬离王府，一贫如洗。

老师对礼王府的历史和故事如数家珍。师兄白培霖曾去白家大宅门食府吃饭，发现那是礼王府花园，十分兴奋，拍了很多照片，带了那里的简介，恭呈老师。老师说，那个花园是修在苏州街上的。当时，乾隆为他的母亲修了一条像江南的苏州街，所有的王爷也都在那条街上修花园，礼王府也修了一座。

请容许我们作如是拼图：世铎卖礼王府祖传药方，借贷度日，而诚厚和后人败家，还能保住礼亲王爵位吗？老师的"长白世泽，礼烈家声"必有感而发，而溥仪赐老师"毓"字的排行，承袭了康熙、乾隆的辈次，这是一件大事，老师的阿玛可能已复了爵。

《史记·老子韩非列传》记载，孔子问礼老子后告诉弟子："鸟，吾知其能飞；鱼，吾知其能游；兽，吾知其能走……至于龙，吾不能知其乘风云而上天。吾今日见老子，其犹龙邪！"孔子以"犹龙"来形容深不可测的老子，我们毓门弟子见老师也有犹龙感觉。老师既传奇又神秘的身世，其中是否复爵？什么时候复爵？是在老师时或老师阿玛时复爵？需要更进一步查证，也可作如是观。

老师说礼王府三代单传，老师是独子，"帝王家爱长子，百姓家疼幺儿"。

清朝统治中国二百六十八年，而清朝政权的创始人努尔哈赤之所以能让后金政权壮大，自言是读通了中国一部小说《三国演义》，活用了三国人物使计设谋，皇室子孙从小就学习汉人文化。

汉人文化有男主外女主内的观念，老师的父母奉行不渝。

老师提起当年读书情形。晚上回去后，太师母就叫他背书，如果背不出来，就要罚跪。旁边的家人会看太福晋的脸色，脸色不好，没人敢动作，老师就只好跪在不平的地上背书，一直要跪到书背熟了，才能起来。如果那天太福晋脸色不太生气，下人就会偷偷扔一个跪垫给老师，让老师跪得比较舒服。

有一次，老师的阿玛进来，看到这事，想讲点情，刚讲了一句“教养孩子要慢慢来，不急——”，太师母就说：“我管儿子，你别插嘴。”老师的阿玛只好背着手，走出去了。这就是“男主外，女主内”，二门以内的事，都由女人当家。

满人向汉人文化取经，是为了实用，像读《论语》,《论语》重孝道，老师从小就知道孝为行仁之本，要好好孝顺阿玛、太师母。

《论语》的教诲不能只当古书读，必须躬践实行。《季氏篇》“鲤过庭”，汉宋儒以降，都视为是孔子的“庭训”，孔子在这章，告诉儿子孔鲤：“不学诗无以言，不学礼无以立。”孔子弟子陈亢从孔鲤口中得悉孔子跟儿子谈话内容，自己解释说孔子对待儿子不特殊，是因为“君子之远其子也”。

陈亢的领悟，不见得合孔子本意，但陈亢的话成了满人父母对待儿子的准则，老师不只六岁进毓庆宫读书，晚上也不再与父母同住，嫫嫫成了老师最亲密的倾吐对象，老师对太师母既敬又畏。

清朝女真人与蒙古人生活习俗上，除语言差别，其他十分接近，如服饰、善骑射、敬天，几乎无别。

努尔哈赤为了巩固政权，满族与蒙古族互通婚姻，建立姻亲关系，努尔哈赤娶了蒙古科沁部明安贝勒的女儿，努尔哈赤的儿子，包括老师的先祖代善和皇太极、多尔衮、阿济格、莽古尔泰、德格类都娶蒙古女子；同样，清皇室的公主也纷纷远嫁蒙古诸王公。满蒙王室通婚，形成“北不断亲”的传统，满蒙一家亲发展成政治军事上的联盟，有清一代，蒙古从未成为忧患。

钮祜禄氏为蒙古族五大臣、八大家之后，清代皇后大都选自钮祜禄氏，雍正皇后、嘉庆皇后、道光皇后、咸丰皇后，都是钮祜录氏，太师母和师母也都出自钮祜禄氏。

所以，钮祜禄氏的格格，都有“母仪天下”的教养，都熟读《昭明文选》，琴棋书画无一不精妙。

满蒙本来都信奉萨满教，八思巴尊奉藏密佛教，成为忽必烈的国师，藏密佛教遂成满蒙多数人的信仰。太师母信佛至诚，每天早上都要礼佛诵经。

老师曾说，虔敬拜佛的妇人身体都很健康。老师解释，有些妇人把铜钱放在佛经上，一个字一个字拜，拜一字挪一下铜钱，一部佛经磕完头都有几百个，运动量够，身体不健康也难。不晓太师母是否也如此虔诚礼佛。

在太师母拜佛和耳提面命中，老师深深体会太师母诵念佛菩萨，是要将所做功德回向爱子，而老师一言一行，太师母也给了准则：“不能对不起祖宗。”

太师母对老师十分严格，太师母的亲友见太师母管教老师太严，好心说：“你就一个儿子，舍得这么严管教？”太师母回道：“就只有一个，才要严管严教！”

从几件小事看来，太师母颇有主见，且个性刚严，老师十分敬畏。

老师在日本读书，太师母去探望，见日本女孩光脚丫，大惊说：“这是什么玩意儿？”老师曾穿皮鞋回家，皮鞋发生叩叩响声，太师母喝道：“怎么穿那个骡蹄子！”

老师在日本学会喝啤酒，太师母有一天见着，问喝什么，老师回答：“药水，健胃整肠的药！”

老师小时候闹别扭，写字乱画，太师母发脾气，阿玛却说：

“小孩子肯画就好！”老师父母管教孩子截然不同，其实是有原因的——老师的母亲是续弦。

老师常尊称父亲是“老王爷”或“老父亲”。老师的父母相差三十岁，老师阿玛得子已在五十岁后了，所以老师尊称父亲常加“老”字。老师阿玛晚年得子，老师又是单传独子，老父亲对孩子容易宽容厚爱。

老师又多次说，“礼王府三代不纳妾”，可知太师母不是侧室、如夫人或妾，而是续弦；所以老师常尊称母亲“太福晋”（正室）。

太师母第一胎生女，第二胎才生男。礼王府三代单传，老师的出生自然是礼王府的天大喜事，老师当然得到集一身的宠爱。不过，父母对待单传儿子，一般人家容易溺爱，而出身名门大家的太师母却是爱之深责之切，将人生希望全部寄托在老师的身上，对老师严管严教。

老师不只小时候畏惧太师母，结了婚还是一样。

老师说最怕陪父母吃饭。父母高兴才要陪吃饭，吃饭必得盛装，长辈坐着，老师夫妇站着吃。喝酒的酒杯很小，比老人茶的茶杯还小，倒入嘴中一寸就得放下，喝三次才喝上一点点。一顿饭要吃一个时辰（两小时）。

老师觉得有趣，笑看太太一眼，太师母看见骂道：“轻佻！”

老师小时候敬畏太师母，还有点怨气。其实，老师的个性颇受太师母庭训影响，老师六七十岁仍飞扬雄健，曾到一个官员集中居住的住宅附近散步，一个老官员牵了一条大狗，扑向老师，那官员不只没道歉，反而“嫣然一笑”（老师用语），老师一巴掌打向官员，说：“狗不懂道理，人可不能不懂道理。下回见着，再打一回！”那官员查问老师来头，很快搬家走人。

老师住在温州街时，也发生过类似情况。一个女子牵着一条狗散步，那条狗的狗眼看人低，不晓眼前的长胡子先生是前清正红旗的旗主王爷，汪汪吠叫，还向老师扑过去。

那条狗的狗运不错。老师当天所拄的手杖是竹杖，躲过老师突来一棒。吓得边跑边回头。老师向饲养女子说："不好好管，任它咬人，下回再这样，就吃狗肉！"那女子吓得一脸惨白。

满人不吃乌鸦肉、狗肉、马肉报恩，老师不会跟狗计较，只是对养狗的人不假辞色。

1960~1970 年间，过年前常有人灌香肠。小偷竟然在墙那边偷香肠，有人发现，沿墙跑去捉小偷，老师却跳过围墙，突然站在小偷面前，有如天降神兵，小偷二话不说，跪地磕头。

老师在七十岁左右，见一女子挽外国人的手，得意洋洋，老师不客气说："不要脸！"那女子回头瞪老师，老师说得更重："真不要脸！"

年少的老师，总觉太师母过于严苛，孤身到台湾后，想得深切，慈亲望子成龙的操心历历在目，老师发现自己能有所得，皆是母亲赐予，老师遂有未尽人子孝心的哀思。

离开长白故土，两岸对立日益严重。早就白了头的长白山入梦，总是魂牵梦萦，归乡无期，老师不只不能抚慰苍生，连抚慰娘亲的机会都不可得。

太师母信佛，老师只能全力做佛事，为娘亲祈福寿。

太师母一大早诵佛经，念《金刚神咒》、《心经》、《往生咒》，老师来台读佛经但不诵念，于是买了录放机，每天早上一大早就播放佛经，希望此岸孝心能遥寄彼岸，以慰亲心。

老师虽不念经，却阅览佛经来虔报母恩。老师担任文化学院哲学系主任，阅览室藏了一部《大藏经》，老师天天读《大藏经》，读了一遍半。

太师母往生后，老师发愿十年内，千佛刊经，手绘千尊观音大士像。大士像摹自吴道子。吴道子的观音图有数种，老师手绘的千尊观音图与西安石刻碑林相同，大概清宫画师依西安碑林而作。此图有解脱之识，神秘之笔。观音体态秀雅，手足安舒，衣褶分明，图成品相，整肃威仪。

观言大士图像上方拓有乾隆御笔“般若波罗蜜多心经”，左下方拓有老师亲笔落款：“天德侍者，虔祈双亲莲池升座，沐手薰香，恭绘大士法相千尊赍众供养，广结善缘，咸沾法雨，度一切苦厄。”

图绘观音像，多数是礼佛侍者，老师沐手绘观音，自言儒家人物的老师却是为孝顺母亲而发心。

老师落款是“戊午正月既望”，戊午年是公元 1978 年。老师选在正月十六日太师母生日这天戒了烟。太师母大概在“文革”结束后往生。

老师作画全神贯注，一勾一勒不敢苟且。老师十年内画了千幅观音大士像，一年百幅，三天就要完成一幅。老师曾说，晚上睡不着觉，就起来画观音大士像，把功德回向双亲。

老师另外以“人祖羲皇庙奉元书院”之名，手绘另一幅也有乾隆二十九年（1764）浴佛日御笔“般若波罗蜜多心经”的渡海观音。古人的佛像题字和写佛经为示尊重，都用工整楷书，不能用行草。这幅渡海观音摹自溥儒，但古人所绘观音图不能随意创作，而是有既定形制。溥儒的渡海观音，应该是摹自如意馆。

不只披阅《大藏经》、画观音图，老师还“遵母命，刊经籍广圣学”。1975 年，老师以“仁匈遁者”之号，印行《易经来注集解》，书页前加了一页：“仁匈遁者，行年七十一有一，恭上慈亲九秩晋一千秋，遵母命，刊经籍，广圣学，兴治艺。丙辰正月，既望之吉。”

老师开讲《易经》，先是采用坊间合刊朱子及程子的《易经》集注，授课间常感叹自明以降，读《易》多自来知德注入手，可惜市面上看不到好的来注版本。真所谓得道多助，适有同门亦从易学名宿李遐敷先生习《易》。遐敷先生临终，将珍藏《扫叶山房本来知德注易》传予该同门，听到老师需要书，便将该书呈上，经老师整理校对刊印。各页旁毛笔书《易经》卦名，为李老先生所书。

“扫叶山房”始创于明万历年间，义取于校书如扫落叶，随扫随落。李老先生另有一弟子高怀民先生曾游于老师门下，当过中国文化学院哲学系系主任。

《易经来注集解》在十年后太师母百寿再版，书名更为《新校慈恩本周易集注》，书页前加的文字略有变易，增加“明不息者偕媳钮祜禄氏幸托恩庇，同值耋龄，跪上慈亲百寿千秋。遵母命刊经籍，广圣学。”

除了完成千帧观音大士画像，印行新校慈恩本周易集注，老师还倡印两千部《妙法莲华经》。

《妙法莲华经》为天台宗之依据经典，该宗因而称“法华宗”。《妙法莲华经》在佛经中，颇受重视，有“如佛为诸法王，此经亦复如是，诸经中王”。

老师倡印《妙法莲华经》与经文中的“观世音菩萨普门品”有关。普门品佛告无尽意菩萨，“善男子，若有无量百千万亿众生，受诸苦恼，闻是观世音菩萨，一心称名，观世音菩萨即时观其音声，皆得解脱”。太师母信观世音菩萨，老师绘观世音图像回向父母，又刊《妙法莲华经》，甚至在“静园”设“仁寿宫”，老师在太师母百寿，可说已经尽了全力，回报慈恩。

太师母百寿千秋时，老师在印月禅寺为太师母做法事一星期，法事圆满功成，老师在寺内办了一桌素席，从日本来台看老师的弟子服部元彦刚巧回来，我也参加了午间的素宴。

老师在席中掩不住人子之喜，说：“我们夫妻能够以八十岁之龄，为老母亲百岁上寿，这是多么难得的福分啊！”

老师虽遵母命信佛，但只信佛、法二宝，不信僧，所以自称“二宝弟子”。

老师信奉孔学儒家，并且说：“儒家人物没有活过我的！”老师给自己定了位——“儒家人物”；可是，儒家人物的老师为了尽孝，却绘佛像印佛经，老师已尽了人子的责任，卸下了心头的重担，《妙法莲华经》刊印前言，“造像刊经，舍园为庙”，就是老师在太师母百寿时尽全力报母恩，可谓功德圆满了。

我在老师百岁后，两度听到老师的感叹：“我这辈子嘛——对不起我自己！”

老师曾经口头上说，对不起太师母和师母两个女人，太师母百寿千秋后，老师开始想起自己，似乎对不起自己，因为不能与师母厮守，老师守节了六十四年。

老师跟师母相聚短离别多，我曾在课堂上三度听到老师百感交集时，念出师母写给老师的四六骈文，文句不长，只有两段。老师每一念出，我们做弟子的心绪都被老师款款深情所牵引，恍然中，待要追记，老师已念了过半。我请教几个师兄，他们也都像我一样，没有记下完整的文句，幸好有位师兄记下这六十四个字。

倚门闾而望穿云树，履林海而恨满关山；
两地相思一言难尽，花荫竹影满地离愁；
独对孤灯，一天别恨。

月夜，雨夜，无事夜；
饭时，眠时，黄昏时；
此六时之滋味不可言传。

两地相思刻骨铭心，老师守节防闲甚严。在内湖洲尾村的红砖楼寝室内，老师订了一座台湾古式的暗红木床，杏黄帘子中分两束，悬钩双柱旁，床前有垫脚的暗红木台，中间嵌瓷，床柱阴刻填金彩的对联是行书字："不欲即仙骨，无情乃佛心"。

老师来台正是中壮年，要能心澜不兴，月印千水，只有守心，对不起自己。

老师为了防闲，女弟子不能进入老师的寝房，也很少课后跟女弟子聊天。

曾有一位年近二十的女同学炖了一大砂锅酸菜鸭送给老师品尝，隔两天下课，老师唤住她，将大砂锅往桌上砰的一放，脸色不好，挥手说："哪！"

又隔几天，老师笑眯眯地要这位女弟子留下说："我叫他们做你那个酸菜鸭，怎么做，怎么不像，你是怎么做的，教教他们！"

原来老师事后得知，女弟子是老师早期弟子介绍的，她的男朋友也一起来听课，她还有一半满族血统。老师后来有时候还请这位同族女弟子帮忙做饭，当黉舍内没有男弟子时，老师就叫女弟子的男朋友一同来吃饭。

老师男女之防绝不含糊。前台湾省立台北女子师范专科学校校长熊芷女士，是民国时期总理熊希龄之女，哥伦比亚大学毕业，洋派作风。有一天，来见老师，主动伸出手来，想跟老师握手，老师摇头说："男女授受不亲。"熊校长一愣，笑说："臭美！"

老师论夫妇之道，句句都是人生智慧，老师常用筷子来形容男女关系："中国筷子就是一阴一阳，阳的先动，阴的再动，阳的领着阴的，两只筷子一样长，一长一短，就无法夹东西。因此，老婆不是用来管的，而是要互相尊重，得比礼贤下士更要尊重。结婚不是昏头才结，得明白为什么结婚，选妻择夫以品德为出发点，不是以容貌为主。男女结婚后必须互相配合，夫妻往同一方向，家才会齐，两个人才能好好经营家庭。"

老师在课堂上谈的夫妻之道，令人深省：

下班回家，想到另一半，会不由自主笑出来，这就是夫妻。

夫妇截长补短，个人有习性。就像做菜，南方放糖，北方不放糖，一生就是这样淡淡过去。一念之转，海阔天空。

人忘情不易，但可不为情苦。

夫妇不谈是非，不看是非，家庭不睦，就是夫妇常说是非。

男人晚归必有理由，不善言辞者，买夜宵请太太。

男人是赚钱耙子，女人是存钱匣子。

不要把最轻的事，马马虎虎放过去。以前大家庭，多少姓在一起，难免各有私心勾心斗角，现在不过二姓，斗气后心要无阴影。离婚因互相不信任，应该全力避免。

老师曾讲父母相处的一段往事。

老师阿玛个性敦厚，太师母刚烈，有一回吵嘴，太师母发脾气，阿玛慢慢站起来往外走，太师母叫“回来”，阿玛闻言慢吞吞走回来，又缓缓坐下，向丫环说“泡茶”，意思是两人说多话，已经口干舌燥，喝一杯茶消消气再慢慢听吧！

老师有一次上课，说：“以前人岳父送女婿《尚书》，要女婿为政立人，现在女同学结婚，老师要送一本书——《孙子兵法》，好好管教臭男人！女人不能御天，至少要御夫！”

有此感慨，老师当然会想到师母。老师说：“年轻时为了恢复祖业，天天拎着脑袋，感情没时间想，刚到台湾也不怎么想，老了才想得仔细，现在倒想写《新浮生六记》。”

老师还曾说：“七八十年痛苦，留后人教训。”想写《思痛录》，可惜的是述而不作的老师，同样也只想想而已。

我听老师对师母的真情流露十分感动，构思一篇小说。小说中的男主角在台湾戒严的白色恐怖年代，是个排字版工人。男主角三十七岁才结婚，结婚蜜月，精神较涣散。以前铅字排版，“共”字和“央”字放在一起，男主角一个疏忽，把拥护中“央”，捡成拥护中“共”，校对时又未发现，成书发送遭人检举，男主角遭情报单位严刑逼供，以为共产党宣传罪名送绿岛管训。

男主角结婚三十二天，遭管训三十三年，假释年龄刚好七十岁，典狱长还恭喜男主角“人生七十才开始”。

故事中的男主角只跟太太生活三十二天，太太嫁他时才二十出头，他的脑海都是太太昔日年轻的影像，当他坐火车回乡，在车站一眼见到等候他的女子时，感觉太太变老了，正要唤叫太太的名字，那女人先开口叫道：“爸爸！”

男主角被关三十三年，女儿已经三十二岁，比他出事时的太太年纪还大，他第一眼看到的女儿当然比太太老些。

我一直以为老师终有和师母重逢的一天，而当两个分隔两岸数十年的恩爱夫妻相逢后，会是什么样的情景？我期望老师会有一个美好的结局。

台湾有一支老歌《三年》，其中有一句歌词听来怆然感伤：“左三年，右三年，这一生见面有几天？”左边三年，右边三年，两个左右“三”字相合，就成“三三”。两人相隔三十三年才相见，人生苦难不过如此，我没想到老师再踏上长白故土，已过了六十年。

《三三年》的剧情，男主角的太太，我未交待，让读者想象。

老师在两岸全面开放前，曾派人打探师母消息，来人告诉师母仍在。公元1990年，老师八十四岁那年，留日弟子写了信，信内第一句话是“惊闻师母仙逝……”老师看信泪流满面。

老师晚年尽焚所书纸稿，幸存的只有几小张夹在书内的小纸头，其中有三张手掌大小，用圆珠笔写的四首短诗：

**招魂·之一**

昨夜白云月似霜，
满斗焚香告群芳。

烧残彩烛空流泪，
方信梅花雪后香。
临风惆怅汐水污，
独留孤忠护愚氓。
回首崇台昭忠迹，
引领魂兮归尚飨。
（《招魂》注记：1990年11月25日。）

**悔讼·之二**

登高密觅圣迹湮，
借得清风吹泪干。
愿忏当年恩与怨，
应葬业身伴血滩。

（《悔讼》和《招魂》写在同张纸，未记日期，当与《招魂》同时写成。“讼”是《易经》的第六卦，孔子的《象传》是“天与水违行，讼。君子以作事谋始”。老师骤闻师母往生，不免忏悔昔时纵身恩怨的政局中，以致无法和师母长相厮守。）

**八十有四初度·之三**

一场春梦尽已残，
半生劳碌难成篇。
但祈英士显良知，
莫将巧言欺愚顽。
今欲赎愆时何待，

为子不孝夫未贤。

诸稚未识慈严面，

负今愧昔一汗颜。

（《八十有四初度》和《招魂》、《悔讼》为同一张纸。）

**无题·之四**

餐唇啖鬓玉温香，

缘尽孤雁恨茫茫。

空留今生怀幻想，

怎醒黄粱梦一场。

倚栏未了知心话，

当在冥中诉衷肠。

一年几度情露水，

都化清烟随意狂。

（诗《无题》，日期是1990年11月28日夜。）

老师生于1906年夏历九月十日，阳历是10月27日，1990年11月是八十四岁开始，“八十有四初度”大概是这个意思。这四首小诗其一是《招魂》，最后一句是“引领魂兮归尚飨”，自然是吊亡招魂，而《无题》那首第一句“餐唇啖鬓玉温香”显示所招亡魂是师母。师母可能在八十四岁往生，应是高寿，但对在此岸的老师而言，却是“烧残彩烛空流泪，方信梅花雪后香”，“空留今生怀幻想，怎醒黄粱梦一场。”

老师大概在1990年11月25日接到留日弟子信，惊闻师母往生，至于师母确切往生日期，我们仍不知道。

1989 年，老师曾检查出胃癌，由台大医院名医师宋瑞楼主治，外科主任陈楷模开刀，医师原以为老师只有两三年时光，老师却恢复如初。老师没想到自己刚痊愈，却得到师母亡故噩耗，心中悲恸至极，仅能“借得清风吹泪干”。

老师在 1993 年，时年八十七岁，才回长白山。

波澜壮阔的百年湖海风浪渡过，“国亡”了，封地没了，正红旗倒了，家毁了，至亲至爱不见了，老师婉拒弟子为老师做八十八岁米寿和百岁大寿的建议。百寿时，只接受洋博士弟子专程来台贺寿。

“倚门闾而望穿云树，履林海而恨满关山”，师母在海峡彼岸幽幽唱着，唱了四十三年，师母终于听到老师在海峡此岸低低和着：“倚栏未了知心话，当在冥中诉衷肠。”

对老师唯一可以安慰的是，师母在老师的脑海中永远那么亭亭玉立，师母唱戏永远莺声婉转……

# 十

# 日月同流乘愿再来

公元1911年10月10日辛亥革命爆发，清朝隆裕太后颁授懿旨，宣统皇帝逊位，12月29日，十七省代表选举孙中山先生为临时大总统，设置临时参议院；31日通过孙先生提议，改采阳历年，以中华民国为纪元，1912年1月1日，孙先生在南京就职临时大总统。

中华民国在1月1日成立开始，清朝帝国也在1月1日灭亡。作为打下清朝江山之一的礼烈亲王的裔孙老师不仅不过阳历年，也不过夏历年，而且举哀告庙，百年来年年如此。

老师在夏历春节过年期间，有别一般人家丰衣美食，杯酒酣饮、串门交欢，而是在大年初一二，打开房门，接受众弟子贺春道喜。

老师在台湾六十多年来，不接受媒体访问，不与宾客应酬，登门拜年的都是门下弟子。

及门弟子看到老师上课偶尔喝几口茶，通常都会带一盒茗茶。有一年，我在年初六才去贺春，不大的堂厅堆了几十盒茶叶，有如一座小茶山。

每年早上八点打开房门，门下弟子按先后次序进入，老师如常般头戴瓜皮帽，身穿长袍马褂，坐在大椅上，接受一批批弟子恭喜，每批长谈一两个小时，每年至少有一两百个弟子登门。

老师平常日子不拍照，有些弟子自备相机，趁过节老师谈兴甚浓，要求与老师合照留念；老师这两天不拒绝弟子专程前来贺节留影，但数码相机问世后，老师要检查拍摄角度姿势，不满意会指示重拍，不准存有任何不雅正镜头。

我知道老师每年春节见弟子盛况，希望单独见老师，春节前几天，都会先求见。

去年（2011 年）1 月 25 日，我请老师义子安排。原本一身无病的老师在去年暑假，出现心律不齐现象，到郊外住了些日子；我忙着依老师指示，撰写《论语一章》。

义子搀扶下，老师走下水泥台阶。老师精神还是不错，思虑通敏；我每回见老师约三个钟头，一半时间听老师纵论时势，一半时间向老师请问，听老师训诲。

老师年老，只是耳朵不太灵聪，有时候会左手放耳朵后听我说话，我则提高声量。但老师的思虑却越老越圆通，越老越精纯。

老师美言几句我的文笔，我一时高兴，向老师报告：“这全是跟老师读《周易》，拜《周易》所赐！”

我在大二那年，每天早上五点钟起床背《易经》，至今三四十年顺口，诵念不忘，于是快背乾卦《彖传》:“大哉乾元，万物资始，乃统天。云行雨施，品物流形。大明终始，六位时成，时乘六龙以御天……”

快背乾卦《彖传》，我只是要向老师报告我曾苦背《易经》，谁知老师听后说:“你浪费了许多字！”

三年前，老师就告诉我，不知道的问题要赶快问，这次看老师，我有备而来，手写十大问题，第一题是:“《易经·系辞传》第一章有‘易简而天下之理得矣，天下之理得而成位乎其中矣！’《老子》和《六祖坛经》是否得‘易简’之道？”

我手写字不小，老师可以不费力一眼看出，老师看了第一题，说了两个字:“胡扯！”

老师提到台湾大学校务主持人识见不高，我一时得意，跟老师说台湾大学傅钟上下课的人工敲钟改为电子固定敲钟，校史记录校务会议，因为我的作品《钟声二十一响》已得台大人和社会人士公认，决议台大上下课的电子钟响为二十一下。老师一听骂我:“你怎么老想自己的得意，应多花心思为苍生谋！”

我连忙悔过，跟老师道歉:“一时得意之言，以后绝不贰过，收回！”

老师叮咛我说:“人生一下子就过去了，一切荣华富贵都是过眼云烟，你想要什么样的价值，就过什么样的生活，人必得成就自己，必得有所不为，既在江边站，就有望海心。”

老师讲学贵实用，不满弟子只能当文案书生，老师除了教授四书五经，还开讲八子、《冰鉴》、孙吴兵法，最后一堂课是2009年2月28日的《孙子兵法》，老师感慨说:“我讲了那么多的兵书，几个人学能致用？这三四十年白搭了！”

我挨老师骂，总会想到老师骂我们这些弟子，其实没有孔子骂宰予“朽木不可雕也，粪土之墙不可杇也”(《公冶长篇》)，以及骂冉求“非吾徒也，小子鸣鼓而攻之可也”的严重，我甚至还想，有人骂比没有人理睬幸运。

这一天，老师谈到一个另我瞠目结舌的问题：“我最近正在研究毛泽东！”

已经高达一百零六岁了，老师还在作研究工作，而且研究对象是毛泽东，我脱口问：“为什么要研究毛泽东，老师不是批判他的文化大革命吗？”

老师点点头说：“秦始皇开疆拓土，不能用善恶区分，康熙是‘千古一帝’，毛泽东开创万古功业，邓小平将中国带向强盛大国。毛泽东读不少古书，应有后续行动，只是人的寿命终是有限！”

我呆望老师，百感交集。

宋代大哲学家张载说“六经皆我注脚”，老师不以为然：“后儒只能注解六经，哪有六经为他注脚呢！”

老师百岁大病时，嘱咐医生少放一些安眠药，可以让他多思考些，多看一些书。有一次，从医院回来大发脾气说：“从今以后不上医院！”问明原因是：“医生太啰唆，劝多休息，我说：‘死后可以长眠，以后永远休息！’”老师后来解释说：“我在和上帝拉锯战，我就是担心你们这些徒子徒孙没有智慧，不能成大事啊！”

一百零六岁的高龄，老师还自言正在研究毛泽东，《论语·述而篇》子曰：“默而识之，学而不厌，诲人不倦，何有于我哉？”孔子说的是自己，不也说的是老师吗？

孔子《述而篇》说“不知老之将至云尔”，孔子这句话用来形容老师不是很适当吗？

对老师一百多岁的颠沛人生，我每问得一两件道理，细细咀嚼，十分幸福，脑海存有不急请问的念头——我错了！

去年（2011 年）夏历春节在阳历 2 月 3 日，高雄有些弟子呼朋引伴北上看老师，电话相询是否同往，我告知前几天才看了老师。

去年不少同门如往年，跟老师贺春节，听老师说话，老师精神依然矍铄，席中曾说：“你们看我像个生病的人吗？再五年没问题。”有的同门喜悦相约，今年春节再结伴看老师。过年这段时间，老师接见了一百三十个弟子。

去年 3 月初，老师的身体有些不适，贫血，时常气喘。师兄徐泓长子徐思淳是台大血液科的名医，建议老师到台大医院休养。老师摇头拒绝，理由是还有许多事要做，一旦进去出不来，岂不误事？

《中庸》说：“至诚之道，可以前知。国家将兴，必有祯祥；国家将亡，必有妖孽。见乎蓍龟，动乎四体。福祸将至：善必先知之；不善，必先知之。故至诚如神。”老师在三月后似乎预知一些端倪，义子出去超过一个钟头，老师就叫媳妇唤他回来，指示一些事。

3 月 19 日这晚，老师和义子谈得很晚，超过了午夜十二时。

黎明之前是最黑暗的时刻。春寒料峭的 3 月凌晨五点钟，老师一如往昔，穿好晨衣，敲了义子的房门，义子驾轻就熟地搀扶老师坐上马桶。

老师近年来有些便秘，如厕时间大约三四十分钟。

2011年3月20日这天，老师的心头有个惦念：北京清华大学高层陈吉宁常务副校长先前率团造访老师，洽商依循老师在台湾创设“奉元书院”经验，也在清华创设“奉元书院”，清华还奉上老师恩师王国维的墨宝当礼。老师常说中国大书院都在南方，他有意创设北方书院，对清华倡议十分重视，面命徐泓师兄，负责筹办事宜，今早十点将作指示。

如厕后，老师都会招呼义子，义子这天等了五十分钟，未闻老师叫唤，推开虚掩房门：老师端坐，双目合上。

平常上课时，老师有些闪进脑海的思绪要条理一下，就会微闭双眸，弟子安静地等老师再睁开眼睛，说出醒世之言，但义子轻唤“阿玛”，未闻回应，轻触阿玛双手，已然冰冷，一探鼻端，也无鼻息。

近二十多年来，老师不睡觉，坐在长榻上打坐，坐而忘之，物我两忘，老师过去，岂非庄子所说道者修炼最高的坐忘境界？

老师解读《论语·学而篇》曾子曰的“慎终追远”，有极其精辟看法：“慎终”不是谨慎办理丧事，“终”是生命终了最终一口气，一般人临终都是横躺床榻，子孙要将“含”送入父母口中，搁在舌头中，让最后一口气从“含”上出来，庇佑子孙，即所谓的“亲视含殓”（贾秉坤师兄说：“含”是要将最终一口气含住，不使外泄，像慈禧陵被盗，口中含一去，最后一口气泄出，整个尸体即生变化）；一般富贵人家含珠，也有含玉、含金、含银，平常人家的“含”，用小红线串上几个小铜钱。

老师却用一口气接不上来的方式告终，向人间挥手，向关爱的弟子作别。

义子知晓老师已经与世长辞，放声大哭，急电曾在奉元书院读书的弟子周正成医师，召来救护车，送至台大医院，医生仍急救一会，八点多宣告老师溘然长辞，走完了一百零六岁的人生旅程。

《中庸》说："天地之大也，人犹有所憾。"天生地载，大德曰生，但大化流行，阴阳仍有险阻，人生不能不有遗憾，一百零六岁的老师也有一点小遗憾。

老师的生命之流源自长白山，山上之水在生意盎然的初春始而涓滴，日渐成流，而后在陡峭的山崖间百折千回，成为玉珠喷溅吼吼声响的澎湃山泉，流经平地，泽润林树后，激情雄心收卷；老师内心一片平和，昔日的征尘风沙在雨后清晨般抖落殆尽，一些昔时的思维也从晚年的老师心中升华，执两用中，老师对一些恩怨人物出现了平和宽谅的评价。

老师是清代礼亲王裔孙，若是稍早的年代，老师是王爷贵胄、黄金家族，但老师在台讲学却坚持废弃世袭帝制，认为民主政治是时代的潮流，清朝亡国不能怪谁，佩服"推翻满清鞑虏"的孙中山先生，肯定孙先生大公无私，不眷恋权位，当的大总统还加"临时"两字，如能多活几年，中国将有更好的局面。老师甚至说，中山先生是尧舜以后第一人，推翻千年帝制，创立民国。

老师也称赞中华民国开国功臣之一的黄兴无私。不过，老师对孙先生两个向日人靠拢的左右手——胡汉民和汪精卫，仍没有好脸色，认为孙先生一肩挑两鳖，没有一个好王八。

老师也肯定宣布溥仪退位懿旨的隆裕皇太后，不以养人者害人，早日结束内战，以免荼毒生灵，但对隆裕太后晚年因瑾妃陪葬、珍妃没了，只留自己一人，不言不语，整天看金鱼，他叹了一口气：真是鱼（愚）死了！

对影响老师后半生，将老师安排到台湾的蒋介石，老师在蒋先生尚在时直呼“老蒋”，蒋介石故去，老师尊称“老先生”。

老师说，老先生最得意的时候是抗战胜利还都南京，五十多个少数民族代表都到，每人都穿传统服饰。老师代表满族，和老先生握手，十分热闹。大家语言不通，口音又重，像联合国。

老师认为老先生为盛名所累，幸好在台湾还过几年太平日子。老先生生活俭朴，只是用的人不中不正，没有他，就不会有孔宋财阀。

老师对蒋家子孙生命不久长、一门八寡妇，且二三代媳妇为争蒋氏父子日记，竟然兴讼，不禁轻声喟叹。

老师认为宋美龄对中国有贡献。不过，佛争一炷香，人争一口气，老师在世事无争后，还想争一口气说：“宋美龄活到一百零六岁，我怎能输她！”

宋美龄于1897年3月6日生于上海，2003年10月24日病逝纽约，活了一百零六岁；老师于1906年九月初十生于北京礼王府，2011年3月20日逝世于台北温州街，同样活了一百零六岁。老师和宋美龄的百多年阳寿只差几个月，可以说，两人的生死存亡之争，竟然打成了平手。

老师辞世的唯一遗憾是，北京清华大学原本打算拨地建讲堂，复制老师在台湾的书院讲学经验，并已恭请老师住在古月堂讲经。老师猝然而逝，徐泓师兄虽然依约前往清华大学，但人存政举、人亡政息，“奉元书院”的香火是否能在北京清华大学相传，充满变数。

老师生前嘱咐一旦过去，不发讣闻，不开吊，但义子和所有弟子苦忆师恩，决议不发讣闻，仍然开吊。

停棺守制期间，许多弟子闻风而至，请求安排守灵，并为老师念经，从 3 月 20 日到开吊日，老师的魂灵，无时无刻都有经声相伴。

开吊日择定 4 月 10 日下午举行，会场先播放一段老师头戴瓜皮帽，须髯飘逸的讲经录影带，老师洪亮声音回荡，与祭的数百名弟子频频拭泪。

老师常说讲学要一棒接一棒的往前讲，治丧程序先安排老中青三代弟子忆师恩，芝加哥大学教授美国人夏含夷师兄，远从美国专程赶来，代表众多洋弟子致辞。

夏含夷师兄说，他六岁的儿子见过老师，也很爱老师，压抑着悲伤要爸爸去台湾“千万不要哭”，“从他的身上，我看到毓老师传经的愿望，将会延续到下个世纪”，夏含夷师兄说。

老师有恢复满学的弘愿，对满族先祖礼敬尊崇。我未看清史前，曾请教老师，老师先祖代善是努尔哈赤次子，长子呢？努尔哈赤长子褚英因有异志，努尔哈赤顾及大清未来，自己下令处死。但老师只说：“长子褚英早过世。”

老师公奠礼上，褚英后人代表满族族亲致哀吊唁。

太师母信佛虔诚，为成全老师孝心，公奠礼仪大体采佛教仪式，但老师自许为孔门信徒、儒家人物，请师兄孙铁刚引领大家诵念老师常训诲门生弟子的《中庸》一段经文，毓门与祭弟子合诵：

> “博学之，审问之，慎思之，明辨之，笃行之。有弗学，学之弗能弗措也；有弗问，问之弗知弗措也；有弗思，思之弗得弗措也；有弗辨，辨之弗明弗措也；有弗行，行之弗笃

弗措也。人一能之，己百之；人十能之，己千之。果能此道矣，虽愚必明，虽柔必强……”

孙铁刚师兄诵念的经书，众弟子皆耳熟能详；读经中，师恩浩荡，泪眼婆娑，哭声隐隐。

数十年来，我们这些黉舍和书院弟子，脑海一角都会珍藏老师的精彩切片，有人沉醉在老师直接、大器、直扣人心世道的亲切话语中，有人幸运见到老师打篮球、抽烟、喝酒的难得生活片断，有人遥想老师与师母的情爱世界，有人默识老师大节操、大德行、大格局、大学问的训诲，我的脑海却萦绕着老师近乎离奇的一生。

“总统府”秘书长伍泽霖领了礼仪官，颁发马英九褒扬令，褒扬令全文为：

当代经学家刘柱林，本名爱新觉罗·毓鋆，沉潜醇谨，识度清迈。幼岁娴诵四书五经，修习格致西学，及长负笈日本、德国，覃思邃密，绩学博文。只身来台后，曾远赴台东部落执教，启迪沾溉，嘉惠原乡。嗣任教台湾大学、政治大学暨辅仁大学、文化大学等学校，阐扬儒学经典奥旨，析论法家治术精微，志道游艺，桃李门墙。复开办奉元书院，畅申修齐治平哲理，厚植庠序教化功能，勤摅淡泊，述而不作；乐育宣勋，济济多士。综其生平，流风德泽，见淑世牖民之深衷；绍统延绪，成中华文化之薪传，学海津梁，贻范永馨。遽闻上寿捐馆，轸悼殊殷，应予明令褒扬，用示政府笃念耆硕之至意。

褒扬令有出入处，也有隐晦文字。

老师到台东任教的学校是台东农校，校长是前台东县长陈建年的父亲陈耕元，老师当教导主任，而非部落学校，老师也没有到台湾大学任教。

褒扬令隐晦文字是“只身来台”，好似老师像 1949 年撤退来台的大陆人士，为了躲避战祸，千辛万苦辗转到台湾，其实老师是被当时的国民政府主席蒋介石下令在 1947 年软禁到台湾的。

老师被一个党的主席强行带到台湾，另一个党主席却颁发褒扬令，待遇相差有天壤之别，令人不胜唏嘘。

公奠礼上，最另毓门弟子惊讶的是褒扬令上的陌生名字“刘柱林”。我想，参加追悼老师的毓门兄姐，都跟我一样，首次见到这三个字——老师来台六十四年，身份证上登记的姓名。

陪伴老师晚年之一，现在就读北京大学博士班的师兄颜铨颖告诉我说：“‘刘柱林’不是老师的真名或字号，而是另有其人。”

老师在对日抗战时，虽然身为伪满洲国皇族贵胄、溥仪重臣，暗地里却是抗日分子，遭日本特务发觉追捕。有一天，老师潜逃时，眼见难以脱逃，生死悬于一线间，逃到一户农村民宅，民宅主人一见老师即知抗日分子，二话不说，和老师互换衣袍，送给老师他的身分证，救了老师一命，躲过一劫。那位恩人就是“刘柱林”。颜铨颖师兄说刘柱林是小学校长，贾秉坤师兄说是中学教员，潘英俊师说是农夫。综合而言，刘柱林是一位农村的知识分子、教育工作者。

老师自认这辈子的余生全拜刘柱林先生恩赐，来台后的户口登记，就用了“刘柱林”。老师用心清楚，他余生所作所为绝不会辜负恩人“刘柱林”。

百年经书淬炼出老师圆通智慧和条理的行事风范，老师曾从任卓宣大老和尉天骢教授的文章，得悉恩师康有为二夫人领着孙子住在台北陋巷，立即前往，拜谢安排师母及其孙子生活。

老师还派弟子到日本寻找当年伴读的日本女秘书，女秘书已不在，老师特别感谢女秘书后人。

老师也派人找着刘柱林后人，尽其所能给予协助回报。

来台后，老师就把刘柱林的衣袍洗净，小心保护在衣箱内，每年选一两个好日子曝晒，老师并叮咛义子，一旦故去，帮他穿上“刘柱林”的衣袍，让他得以感恩。

躺在棺木内的老师内穿棉制衣裤后，再慎重穿上救命恩人刘柱林在六七十年前所送的救命蓝色长布袍，蓝布袍上是香云纱。香云纱远看有皮革光泽，细看有花纹，并且镂空，非常透气，十分柔软，是夏衣最好的布料，由江南织造厂所制，现在已不生产。老师所穿，是自己六十多年前带来的。

义子在香云纱上，给老师披上“陀罗尼经被”。

《妙法莲华经》继《观世音菩萨普门品》后，就是《陀罗尼品》。《陀罗尼神咒》是六十二亿恒河沙等诸佛所说，若有侵毁此法师者，就是侵毁诸佛。“陀罗尼经被”由蒙古活佛章嘉二世在乾隆时代所设计，是解脱生死之至宝，收集许多由梵文或藏文书写的诸佛咒轮与密咒而成，具有不可思议的大威德加持力，又称“往生被”。清朝规定陀罗尼经被由朝廷敕赐，并且是二品以上的王公大臣才能使用。慈禧太后往生除用许多金银珠宝陪葬，也盖了珍贵华丽的陀罗尼经被。

两岸开放交流后，老师以八十七岁高龄重回阔别五十多年的长白山下兴京故土，故人不见，祖宗坟茔永陵荒废，向晚斜阳，几声噪鸦，老师重修永陵。永陵修砌顺利完成后，老师有一要务，就是在北方建大书院，传承道统经世致用之学。

老师为设书院，专程南下杭州，造访“复性书院”。

晚清民国间的马一浮先生是近代经学大宗师。马一浮所著《复性书院讲录》，相关《尚书 · 洪范》部分别有卓见，老师不只瞻仰马一浮大师风范，更为了取经，察考复性书院的建制，作为奉元书院建造参考。

复性书院离杭州灵隐寺不远，老师顺道探访。灵隐寺住持亲自接待，见近百岁人瑞的老师长须飘逸，威仪器度不俗，心生钦敬。

老师读过一遍半的《大藏经》，又陪同太师母诵经，几部佛经滚瓜烂熟，他曾向我们讲述《般若波罗蜜多心经》，儒佛互证，阐述“观世音”是观世间之音，闻人民之苦，自觉觉人，己立立人，人人要成尧舜，人人要成观世音。

老师在灵隐寺，就住持所问，析辟佛理，住持闻所未闻，深为折服。老师告辞前，住持取来一装帧精密礼物相赠：“这是本寺珍藏四五十年的陀罗尼经被，奉上老居士。”

老师见这领陀罗尼经被用金线手织而成，珍贵异常，正欲推辞，住持恳切说：“有德者居之，这陀罗尼经被唯有老居士才配得之！”

老师偶游灵隐寺，竟得稀世宝物，得以披盖珍贵陀罗尼经被，诸佛护持，诸厄度尽。

老师故去，义子遵礼成服，老师嘴中含了一串红线系串的小铜钱。

《庄子 · 外物篇》有四句《诗经》上的诗：“青青之麦，生於陵陂。生不布施，死何含珠为？”（青青的麦穗，生在陵陂上，生不慈善布施，死了何须要含珠），身为清朝皇族贵胄的老师过世并未含珠，而是含了一般平民人家所用的小铜钱。

老师开吊未发讣闻，只在新闻和网络发布消息。从各地赶来的弟子超过五百名，人龙蜿蜒到殡仪馆外的马路，弟子排成三列，手拈檀香粉默哀，历时近两个钟头，与祭弟子哀恸逾恒。

老师应该自认该做的事都做了，对得起祖宗，至于儿孙只能说儿孙自有儿孙福。

老师也应该自认该说的话都说完了，六十四年两万三千三百六十个日子，一天平均说一百个字，就是二百三十三万六千字了。

老师遗愿，大体在他所羁居六十四年的台湾火化后，骨灰带往新宾满族自治区，目前安厝在老师所创的满学研究院。老师希望他的骨灰能飞扬在长白山上的天池，让他得以分享祖灵的山光水色，或者洒在苏子河，流到长白山下，化作滋润花树的雪水。

数十多名老师栽培启发的弟子，在开吊结束后仍留下，亲眼目睹老师火化，骨灰装坛。

有的弟子静坐守候时，仍合十为老师诵经，神秘通幽之路，大梦一觉，万事皆休，我的脑海里再次浮现出老师在课堂上情意殷殷地念诵师母写给老师的四六骈文：

> 倚门闾而望穿云树，履林海而恨满关山；
> 两地相思一言难尽，花荫竹影满地离愁；
> 独对孤灯，一天别恨。
>
> 月夜，雨夜，无事夜；

饭时，眠时，黄昏时；

此六时之滋味不可言传。

我不由得想到，师母望穿云树，倚门闾苦等老师。长白山此时仍然飘雪，离愁相思，魂兮归去。老师在清冷的春天凌晨，御风而行，间关万里，守节的老师大概已经与守贞的师母重逢，互道六时滋味。

老师之学在《易经》、《春秋》，每逢睡不着或有世患时，就读《易经》济屯度厄；《易经》六十四卦，三百八十四爻，老师在台刚好六十四年，一爻一大千世界，老师历经三百八十四大千世界，走过人世悔吝，天德在躬，与鬼神合吉凶矣！

老师辞世前不久，命弟子蔡明勋写下几个字："与世界同化，与日月同流，乘愿再来！"

乾元亨利贞，贞下起元。满天绚丽晚霞在西天消退后，黑夜来到大地，但天地彼端，旭日将缓缓升起，老师之德如容光必照的日月。老师遵循孔子述而不作，仍留了一个梦给所有弟子，弟子们追述老师之学，百年千年后，也当会有后学缅怀"奉元复性，慈悲归仁"的"奉元书院"创办者——一代大儒爱新觉罗·毓鋆。

# 附 录

## 爱新觉罗·毓鋆年谱

**一岁　清光绪三十二年夏历丙午年（1906 年）**

夏历九月十日（阳历 10 月 27 日），出生于今北京西黄城根南街西侧礼王府。肖马。礼烈亲王代善十一世孙。

父命名“金成”，字安仁，自号安仁居士，别署天德侍者（十岁至七十二岁）、仁匃遁者（七十岁）、明不息者（八十岁）、奉元遁叟（八十三岁）、明不息翁（九十岁）、仁匃遁叟（一百岁）。

“毓鋆”为御赐嘉名。溥仪建伪满洲国后，以康熙帝所定辈次的“毓”字辈赐予，伪满洲国成立为恢复后金的祖业荣光，重臣皆赐字，字中有金，“鋆”字亦为溥仪所赐。

祖父母名字和生卒年皆未见记录。

父亲谥号“惇”，毓老师尊称“礼惇公”，字子良。生年约为公元 1856 年左右，卒于伪满洲国年间。享年约八十。

母亲钮钴禄氏，咸丰皇后侄女。约生于公元 1886 年 1 月 16 日，“文革”结束后往生，年约八十。

是年夏历正月十四日，溥仪出生于北京什刹海畔的醇王府，名“耀之”，因避道光皇帝忌辰，每年庆生万寿节均提前一日，改在十三日举行。

是年，熊十力二十二岁，因呼应孙中山先生革命，事机不密泄露，遭湖北省提督张彪下令缉拿，熊十力化装潜回黄冈老家。

**二岁　清光绪三十三年夏历丁未年（1907 年）**

是年，溥仪胞弟溥杰出生。

是年 3 月 8 日，谕令改盛京将军为东三省总督，为东三省地方最高长官，并奉天（辽宁省）、吉林省、黑龙江三省将军事务，首任总督为徐世昌。

**三岁　清光绪三十四年夏历戊申年（1908 年）**

11 月，慈禧太后去世，终年七十四，光绪皇帝早一日辞世，得年三十八。恭亲王二子溥儒年十三，曾受命入宫甄选皇帝，未中选。年仅三岁的溥仪由父亲醇亲王载沣抱上紫禁城太和殿的龙座上，承继同治，兼祧光绪皇帝。

**四岁　清宣统元年夏历己酉年（1909 年）**

清帝溥仪改元“宣统”。

**五岁　清宣统元年夏历庚戌年（1910 年）**

正月二十九日，废“奴才”之称。（清初以来，满人及旗下人士对君上有称“奴才”之习俗，清中叶后改汉官称“臣”，满官称“奴才”。谕令后，内外满汉文武诸臣陈奏事件，一律称“臣”。）

**六岁　清宣统三年夏历辛亥年（1911 年）**

进入毓庆宫受学，成为溥仪皇帝的伴读。溥仪每天辰正（八时）进入毓庆宫，正午十二时授课结束。

是年夏历六月十五日（1911 年 7 月 10 日），隆裕皇太后以溥仪年届六龄，降懿旨命其入学读书，隆裕太后为溥仪物色的启蒙师是侍郎陈宝琛、大学士陆润庠、满汉双榜进士伊克坦。夏历九月十日，溥仪进入中南海瀛台的“补桐书屋”读书，为时一个月左右，改在毓庆宫读书。

5月8日（夏历四月十日），监国载沣摄政王签发上谕，废除雍正年间的军机处，同时废除明朝以来设立的内阁，建立西方式的君主立宪新内阁。

10月10日（夏历八月十九日），湖北武昌全城为革命军占领，史称“武昌起义”。12月29日，十七省代表选举孙中山为临时大总统，并设置临时参议院。31日，参议院通过孙中山提议，采行阳历，以中华民国为纪元。

**七岁　民国元年夏历壬子年（1912年）**

1月1日（宣统三年十一月十三日），孙中山在南京就职，1月3日当选总统，黄兴任陆军总长，王宠惠任外交总长，蔡元培任教育总长。

2月10日临时参议院通过“关于大清皇帝辞位之后优待之条件”，要点为清帝辞位，尊号仍存，中华民国待以外国君主之礼，给予岁用四百万，暂居宫禁，满、蒙、回、藏世爵照旧。

2月12日（夏历十二月二十五日），隆裕太后连开七次御前会议，始决定退位。颁布宣统皇帝辞位懿旨，命袁世凯以全权组织临时共和政府，清朝政权告终。十二月二十五日夏历年前夕，溥仪率众臣举哀告庙。

4月1日，孙中山解除临时总统职务，2日参议院正式议决，临时政府迁设北京，推荐袁世凯以自代。

**八岁　民国二年夏历癸丑年（1913年）**

1月1日，溥仪与中华民国临时大总统袁世凯互相拜年。

1月14日，陆润庠辞帝师职，理由为“年老多病”，获准。

2月22日，隆裕皇太后（光绪皇后）病逝，终年四十六岁。溥仪下哀旨尊谥为“孝定”。

9月22日，旨派徐坊为新帝师。

礼亲王世铎（道光三十年、公元1850年袭爵）卒，子诚厚袭爵。（毓老师先祖昭梿于嘉庆年间遭革爵，由其侄麟趾承袭礼亲王，世铎、诚厚非毓老师祖、父）

10月22日，陈宝琛生日，溥仪作四言诗一首祝寿，此为溥仪所作第一首诗：“松柏哥哥，终寒不凋。训予有功，长生不老。”

**九岁　民国三年夏历甲寅年（1914年）**

7月25日，第一次世界大战在欧洲爆发。

9月，袁世凯发布“祭孔令”，亲自头戴平天冠，身穿百褶裙，到北京孔庙祭孔。

**十岁　民国四年夏历乙卯年（1915年）**

11月15日，国民代表大会代表一千九百九十三人，一致赞成君主立宪，推戴袁世凯为“中华帝国皇帝”，推戴书说是“皇天景命”、“人心咸归”，恭请袁世凯“登大宝而司牧群生，履至尊而经纶六合”，袁一番作态，12月12日宣布接受推戴，定明年为洪宪元年，并开始筹备履大位事宜。

是年冬至，袁世凯穿绿色龙袍赴天坛祭天，毓老师见袁世凯模样如蛤蟆。

12月25日，云南前任都督蔡锷与云南将军唐继尧、国民党要员李烈钧公开反对袁世凯称帝，组织“中华民国护国军”，向袁军进击。

是年，陆润庠过世，享年七十五，谥“文端”。续聘朱益藩、梁鼎芬为帝师。

**十一岁　民国五年夏历丙辰年（1916年）**

3月20日，袁世凯发现冯国璋五将军谋联合各省请速取消帝制密电，与徐世昌、段祺瑞会议后，22日下令撤销承认帝制案，被迫发还推戴书，23日颁令废止“洪宪”年号。

袁世凯自云南事起，外交万分棘手，段祺瑞、冯国璋复内外挟持，舆论暗讥明诟，众叛亲离，忧患交集，心神失常。5月中旬，目眩头晕，不能成寐，一度昏厥。6月3日病笃，6日下午卒，终年五十八岁。

8月30日，帝师徐坊病逝，溥仪赐谥“忠勤”。

**十二岁　民国六年夏历丁巳年（1917年）**

7月1日，长江巡阅使兼安徽督军张勋带兵进入清宫，拥护宣统“御极听政，收回大权”，另一军阀段祺瑞7月3日在天津马厂誓师讨伐张勋。7月12日，张勋败逃躲进荷兰公使馆。7月13日，宣统第二次退位。

是年，礼敦亲王诚厚卒。

**十三岁　民国七年夏历戊午年（1918年）**

背完《十三经》，母亲不只未见喜色，还斥责道：“别的皇子十二岁就背完，你为什么多花一年，没出息。”

毓老师曾言“十三岁在日本作人质”、“十三岁寄人篱下”，毓老师赴日由老管家陪同。常在晚上，头埋被窝中独自饮泣。毓老师赴日留学，却说是“作人质”，可能是政治安排。由于在日本寄人篱下，老师对日感情不佳。

6月8日，溥仪开始练习骑马。

**十四岁　民国八年夏历己未年（1919年）**

2月22日，英人庄士敦通过李鸿章三子李经迈以及曾任太保的徐世昌推荐入宫，成为溥仪、毓老师的西学教席。庄士敦帮溥仪取了英文名字“亨利”。

毓老师既在日本留学，又何能拜庄士敦为师，可能初次留日时间才一年多。

5 月 4 日，因巴黎和会忽视中国的战胜权益，民情激愤，青年学生爱国情绪高涨，齐集北京天安门示威游行，造成罢课、罢市、罢工的“五四运动”。

8 月 14 日，溥仪传旨，命胞弟溥杰伴读汉文，溥信（溥仪在《我的前半生》自述英文伴读是溥信，庄士敦的《紫禁城的黄昏》却记载溥佳）伴读英文。

**十五岁　民国九年夏历庚辛年（1920 年）**

6 月 30 日，清室宗人府玉牒处负责编纂玉牒事宜。

帝师梁鼎芬病逝，赐谥“文忠”。

**十六岁　民国十年夏历辛酉年（1921 年）**

初次游北京天桥，听戏吃回回馆羊肉。回府后，母亲质问，毓老师实答回说回回店的羊肉比府里烧得好，母亲责问，奶妈出面打圆场。

是年，溥仪从宫中呈送上来的千金闺秀照片簿选皇后，用一只普通的铅笔在相片的旁边或后面，记上一个随意的符号，被作了记号的就是未来的皇后。

溥仪第一个标圈的良缘佳偶是文绣，文绣家贫，相貌普通，太妃要求溥仪重点鸳鸯，铅笔落在瓜尔佳氏婉容相片上（内务府误作“郭佳”），婉容家世、容貌都符合那位太妃的心意，又为了公平原则，不能遗弃初次点中的文绣，于是决定婉容为皇后，文绣当淑妃。

**十七岁　民国十一年夏历壬戌年（1922 年）**

5 月 30 日，溥仪在养心殿首次见胡适。

6 月 27 日，宗人府纂修玉牒告成。

9 月 29 日，帝师伊克坦去世，谥号“文直”。

溥仪在毓庆宫读书结束。

溥仪在 12 月 1 日大婚。溥仪十七岁，皇后婉容同岁，文绣小两岁。

溥仪大婚是辛亥革命后最热闹的大事，贺礼堆积如山，朝贺人数从乾清宫丹陛挤到乾清门外，外国公使馆员拥进观礼，可谓盛况空前。迎娶队伍有穿着满服的王公大臣和中华民国政府的大批军警人员，古今合礼，严肃、和谐且离奇。

庄上敦也给皇后婉容取了英文名字“伊丽莎白”。

**十八岁　民国十二年夏历癸亥年（1923 年）**

满人以少数民族统治人数众多的中国二百六十八年，极费苦心，为了免除蒙古族的兵戎相向，力行满蒙联婚政策，满族皇子王公迎娶蒙古族贵族格格，满族格格则嫁给蒙古族王公贵胄。

毓老师依祖制，从小订了婚，未婚妻是咸丰皇后的孙侄女，和太师母都是满族八大姓之一的“钮祜禄氏”，未婚妻和毓老师同年生，比毓老师大几个月，是毓老师的表姐，亲上加亲，毓老师的未来岳父，就是自己的舅舅。

结婚后，毓老师偕夫人一同留学日本学习院（学习院分男女校）。

溥仪结束毓庆宫读书后，仍延请四方名儒入宫讲学，较著名的是郑孝胥、罗振玉、王国维、柯绍忞、叶玉麟等人。

是年 4 月 16 日，溥仪派王国维当南书房行走。

7月15日，溥仪废除太监制度，下令解散紫禁城太监。

是年9月22日，张勋病逝，赐谥“忠武”。

**十九岁　民国十三年夏历甲子年（1924年）**

3月3日，溥仪命郑孝胥为总理内务府大臣。

4月20日，溥仪旨派庄士敦管理颐和园、玉泉山与静明园事宜。

辜鸿铭于养性斋觐见溥仪。

4月下旬，获得诺贝尔文学奖的印度诗人泰戈尔，由徐志摩、林徽因陪同游清宫，溥仪在御花园设宴款待。泰戈尔送毓老师一张半身照，毓老师供奉在台北温州街住宅所设的祭堂。

9月22日，直系将领冯玉祥利用第二次奉直之战时，突然班师回北京，将贿选大总统曹锟监禁在延庆楼，并修改《清室优待条件》，强制溥仪出宫，北京不再有所谓的皇帝。

11月5日，溥仪被迫回到醇亲王府，住不久就得到醇亲王府不安全的警讯。溥仪教席陈宝琛、朱益藩、罗振玉、郑孝胥、庄士敦等人寻求英国公使馆、荷兰使馆、德国使馆的协助，但西方使馆以馆舍狭小难以容纳为由拒绝，不得不转向日本公使馆。

12月24日，清室善后委员会入宫，接收点查清宫对象，至此紫禁城中不再有“清朝帝王”，也永远结束清皇朝之统治。

12月29日（夏历十一月三日），溥仪避入日本公使馆。

**二十岁　民国十四年夏历乙丑年（1925年）**

溥仪同意罗振玉建议，派朱汝珍到天津日本租界，相中因武昌起义下台的张彪所盖的“张园”，门外挂出“清宫驻津办事处”的匾额。护卫的逊清遗臣，称呼张园为“行在”，尊称溥仪为“皇帝陛下”。

溥仪的重要教席陈宝琛、罗振玉、王国维、郑孝胥、柯绍忞、叶玉麟等名儒皆前往张园陪侍。

是年，北京清华大学国学院聘请王国维、梁启超、陈寅恪、赵元任为“四大导师”，王国维请示溥仪后就任，讲授经、史、小学，王国维指示毓老师旁听，毓老师成为清华大学第一个旁听生。

3 月 12 日，孙中山先生逝世，遗嘱唤起民众，联合世界上以平等待中国的民族，共同奋斗，于最短期间促使召开国民会议及废除不平等条约的实现。

**二十一岁　民国十五年夏历丙寅年（1926 年）**

9 月 11 日、12 日，康有为至张园觐见溥仪并讲授“公羊学”，毓老师拜康有为为师，曾画《南海先生讲经图》，且为南海先生庆寿。南海先生大约在这年见了毓老师父亲，赠所书《咏豳轩》，称呼老师的父亲“子良仁兄”。

**二十二岁　民国十六年夏历丁卯年（1927 年）**

阳历 2 月 14 日，溥仪二十一岁生日，康有为与庄士敦前往张园祝寿。

3 月 8 日，康有为七十岁大寿，毓老师和康门弟子于上海为他举行盛大祝寿活动。溥仪派徐良从天津送去贺礼和寿词。

3 月 31 日，康有为死于青岛寓所，死因为中毒，疑日本特务下毒，葬青岛崂山，弟子梁启超宣读祭文。

6 月 2 日上午，王国维自沉颐和园昆明湖，遗言“五十之年，只欠一死”，毓老师闻讯，以为遭人暗算，悲愤莫名，腰插双枪前往。确认王国维自沉，不免深思：“读书著作与行事，合则智，分则愚。”

是年8月24日，日本内阁首相田中义唆使部属炸死张学良之父张作霖于皇姑屯。

**二十三岁　民国十七年夏历戊辰年（1928年）**

7月4日，军阀孙殿英部队盗挖东陵乾隆坟和慈禧坟，坟内殉葬物劫掠一空。溥仪与随侍诸臣悲愤填膺，摆香案祭席，设乾隆、慈禧牌位，每日三次祭奠，开放拈香礼，立誓“不报此仇，便不是爱新觉罗子孙”。

**二十四岁　民国十八年夏历己巳年（1929年）**

7月9日，溥仪的天津寓所，由“张园”移至“静园”，静园为安福系将领陆宗舆所建，本名“乾园”，溥仪入住，改名“静园”。

溥仪在静园积极规划复辟事宜，毓老师参与御前会议。溥仪拟成立“满洲国”，“满洲国”并非新建国家，而是恢复祖业的复辟。

恢复祖业需要兵力，毓老师奉谕训练满洲军，练兵之地在红旗村，毓老师形容彼时心情“纵马满蒙幽燕间”。

溥仪弟溥杰于是年至1944年，留学日本。

**二十五岁　民国十九年夏历庚午年（1930年）**

9月初，溥仪接见15日将返国来辞行的帝师庄士敦。

**二十六岁　民国二十年夏历辛未年（1931年）**

日本制造“柳条沟爆破事件”，9月18日出兵占领沈阳，史称“九一八事变”。

“九一八事变”不久，天津日本驻屯军司令官香椎浩平邀约溥仪谈话，力劝溥仪火速赴东北主持大计，溥仪当场未应允，表示容他回去考虑之后再决定。

溥仪请来陈宝琛、胡嗣瑗等人商议，毓老师在场。陈宝琛反对去东北，沉痛地说："去时容易，要回来时可就难了！"

溥仪于是拒绝香椎的建议，但随之发生接二连三的恐怖事件。

是年，庄七敦回到英国，在伦敦大学教授中文并兼外交部顾问。

是年冬至（辛未年），溥仪圣谕毓老师为"内廷良驹"。溥仪御赐老师"毓鋆"可能在此年（毓字辈排序为康熙乾隆所定，非礼王府的排辈）。

**二十七岁　民国二十一年夏历壬申年（1932 年）**

溥仪接受郑孝胥力主复辟必须先有实力，当前得依靠外援，列强中以日本最具实力的建议，在郑孝胥及其子郑垂安排下，离开天津，于年初秘密前往东北，先到旅顺。一到旅顺，日方表示，新成立的"满洲国"将由满、汉、蒙、日、朝鲜五个民族组成，非溥仪心中所想的祖先满洲国的复辟。"首都"定长春，改名"新京"，溥仪非皇帝，而是执政。

溥仪前往东北，未与陈宝琛商量，陈宝琛回福州。溥仪在旅顺发觉日方居心不善，面谕毓老师前往福州接回陈宝琛。陈宝琛二度面见溥仪，力主不宜前往长春，与日人合作，由于事机不密，陈宝琛险些遭关东军囚禁。

2 月，溥仪等人到长春，成为执政，郑孝胥为"国务总理"，年号"大同"。

**二十八岁　民国二十二年夏历癸酉年（1933 年）**

溥仪任执政，兴趣缺缺，不理政务，念佛吃斋。3 月 1 日，日本关东军司令官菱刈隆正式通知郑孝胥，日本政府可以承认溥仪为伪满洲国皇帝。

**二十九岁　民国二十三年夏历甲戌年（1934 年）**

3 月 1 日，溥仪告天即位，重登大宝以君临万民，并任陆海军大元帅，年号“康德”，第三次称“帝”。

毓老师先祖昭梿在道光二年（1822 年），任宗人府候补主事，后代子孙皆在宗人府任职。毓老师本职在宗人府，但溥仪面谕到国务院，军阶少校，挂名“御前行走”，负责情报，毓老师故常说他是干情报出身的。

庄士敦发表他身为溥仪教席的长篇回忆录《紫禁城的黄昏》，在伦敦甫一出版，轰动欧洲，他被英国皇室授予爵位。

**三十岁　民国二十四年夏历乙亥年（1935 年）**

陈宝琛过世，享年八十八，赐谥“文忠”。

溥仪之弟溥杰从日本陆军士官学校毕业，当了禁卫队步兵团排长。

是年，郑孝胥于长春自宅发表言论：“满洲国已经不是小孩子了，就让他自己走走，（日方）不应总是处处不放手。”言论公开后，5 月 21 日，郑孝胥被迫离开“国务院总理”之职，由张景惠接任。

**三十一岁　民国二十五年夏历丙子年（1936 年）**

12 月 3 日，张学良至洛阳，恳请蒋介石去西安，蒋介石于四日抵达。12 日拂晓，张学良部队包围蒋介石的驻在地临潼，西安国民党中央高级文武官员十余人，悉遭幽禁，史称“西安事变”。

事变当日，张学良致电蒋夫人宋美龄，说是暂请蒋留驻西安，促其反省，决不加害。22 日，宋美龄至西安，与张学良、周恩来协商谈判。25 日，蒋介石在夫人宋美龄陪伴下离开西安，飞抵洛阳，次日抵南京，张学良随行，表示一切责任由他自己担当。

12 月 31 日，张学良遭军事委员会判刑十五年、褫夺公权五年。

是年冬，溥仪深悟培养后代重要，设置宫内读书班，挑选皇族子弟读书，延续雍正以来重视皇子读书的优良传统。

**三十二岁　民国二十六年夏历丁丑年（1937 年）**

1 月 1 日，国民政府核准对张学良的判刑，蒋介石同时要求特赦张学良，1 月 4 日发布特赦令，但仍由军事委员会严加管束，张学良遂遭公开软禁于孔祥熙公馆里。

3 月 1 日，日本逼迫无后的溥仪制定“帝位继承法”，明定皇帝死后无子孙，以其弟或其弟之子继承。

4 月 3 日，溥杰在日本关东军干预下，娶了日本贵族嵯峨实胜侯爵女儿嵯峨浩。

7 月 7 日，日军借口卢沟桥演习，有一名士兵失踪，要求进入宛平县搜查，爆发“七七事变”。17 日，蒋介石在庐山表示，卢沟桥事变，已至和平绝续关头。

**三十三岁　民国二十七年夏历戊寅年（1938 年）**

2 月，德国承认伪满洲国。

10 月胡适任驻美大使。

3 月 28 日，郑孝胥逝世，享寿七十九。溥仪特颁优恤谕旨，赐诔文，赐葬太祖陵旁。

是年，庄士敦逝世于英国，时年六十四岁，终生未婚。

**三十四岁　民国二十八年夏历己卯年（1939 年）**

伪满洲国加入日、德、意的“防共协定”，溥仪成立“使节团”，毓老师奉溥仪之命，赴德国签署日、德、意、满《物质援助协定》，面见希特勒和墨索里尼。

**三十五岁　民国二十九年夏历庚辰年（1940 年）**

3 月 29 日，汪精卫伪政权成立于南京，自任伪国民政府主席兼行政院长。

6 月 19 日，罗振玉病逝，溥仪赐谥“恭敏”。

日本的“大东亚共荣圈”有八纮一宇的规划，也谈王道，但日人所主张的王道思想和郑孝胥大不同。郑孝胥死后，“王道书院”正式对外招生，三年制。

**三十六岁　民国三十年夏历辛巳年（1941 年）**

12 月 8 日，日军突袭太平洋美军基地珍珠港，太平洋其他地区日军亦四出攻击，美、英与日本互相宣战。

**三十七岁　民国三十一年夏历壬午年（1942 年）**

1 月 1 日，美、英、俄、中等二十六个同盟国发布联合国宣言，全力对德、意、日轴心国作战，中国开始列入四强。

汪精卫登上南京伪政府大位，5 月 8 日，带了夫人陈璧君到长春拜见溥仪。毓老师在场。

**三十八岁 ~ 三十九岁　民国三十二年 ~ 三十三年夏历癸未 ~ 甲申年（1943~1944 年）**

毓老师在日本投降前，遭日本特务发现其抗日行动而遭追杀，为农村教师刘柱林所救。刘与毓老师互换袍子，并给毓老师他的身份证，助毓老师脱逃。

1943 年 1 月 11 日，中美、中英新约签字，一百年的不平等条约正式终止。

1944 年 11 月 10 日，汪精卫病死于日本名古屋。

## 四十岁　民国三十四年夏历乙酉年（1945 年）

8 月 6 日，美国以原子弹炸广岛，8 日再以原子弹炸长崎。9 日，苏联对日本宣战。10 日，日本知照美、英、苏、中，接受《波茨坦公告》规定条件，惟须不损及天皇皇权。11 日，四国应允。14 日，日本天皇敕令，保证实行《波茨坦公告》规定条件。15 日，蒋介石广播“不念旧恶”、“与人为善”，即所谓“以德报怨”。9 月 9 日，日本的中国派遣军总司令冈村宁次向中国陆军总司令何应钦投降，八年中日战争告终。发动“九一八事变”的首任关东军司令官本庄繁自杀。

8 月 14 日，日本天皇宣布无条件投降。17 日，关东军司令部向全军发布命令，宣告停战缴械。17 日午夜，溥仪在大栗子沟宣读《满洲国皇帝退位诏书》，并准备逃往日本，在沈阳机场大厅休息时，与其弟溥杰被苏军逮捕，监禁伯力市郊的红河子收容所。

毓老师在溥仪宣布退位后，暂住姐姐家中，不久即向国民政府缴械。国民政府审理后，判定老师抗日事实，无罪。蒋介石仍指示将老师送到南京再审，再审结果，仍判无罪。但中统头头陈果夫、陈立夫兄弟，以毓老师曾主张中国应如美国般实行联邦制，言论不当，拘禁百日。

溥仪的《我的前半生》说，在伪满洲国时代极为活跃的肃亲王女儿金璧辉（日名“川岛芳子”），遭国民党从北京捉到南京问审。川岛芳子曾传口讯给毓老师。

## 四十一岁　民国三十五年夏历丙戌年（1946 年）

毓老师拘禁百日后，仍遭管束，在南京结织国民政府要员于斌、张其昀等人，毓老师住处即后来严家淦至南京的寓所，广西王李宗仁前去探问毓老师。

4 月 14 日，长春苏军撤离。

5 月 5 日，国民政府自重庆迁回南京，蒋介石前往中山陵谒祭孙中山先生，祭告抗日胜利，各地狂欢庆祝，五十多个少数民族代表，各穿传统服饰输诚致贺，毓老师代表满族。

5 月 16 日，国民党军进军东北四平，与林彪的东北民主联军激战。19 日，国民党军初胜。5 月 13 日，蒋介石莅临长春，并指示南京组成“慰问团”，前往四平慰问，于斌为团长，毓老师被指定为团员。

慰问团完成慰问工作，于斌等人回南京，毓老师决定往长春，不意一到长春，林彪部队开始包围长春，国共激战，双方死伤惨重。毓老师决定逃往四平。四平在长春之南，理应南行，毓老师却剃光头乔扮和尚，故意北走，多次历险，才到开原搭上火车至四平，再辗转回北京礼王府。

毓老师之母见老师历劫归来说：“不求你有什么伟勋，但求勿助人为恶！”

10 月 21 日，蒋介石偕同夫人蒋宋美龄飞抵台湾，参加台北中山堂举行的台湾光复一周年纪念大会，在台湾停留八天，认为台湾是一片“干净土”。

11 月 1 日，已遭软禁十年的张学良，被蒋介石下令软禁至台湾草山，一个月后移禁新竹县井上温泉。

美国杜鲁门总统于 1945 年命马歇尔使华，进行国共调停，1947 年 1 月宣布调停失败，离华回美。毓老师见过马歇尔。

是年，6 月 20 日，溥仪的皇后婉容死于吉林延吉监狱。

是年，溥仪至东京“远东国际军事法庭”受审，法庭采信了他的证言，认定日本军阀制造了伪满洲国，伪满洲国的支配权掌握在关东军和日本军部手中。

**四十二岁　民国三十六年夏历丁亥年（1947 年）**

台湾发生“二二八事件”不久，蒋介石下令继张学良之后，将毓老师软禁至台湾草山，住处与张学良初至台湾的软禁处相近，有四个兵看守。

10 月 10 日，相关单位邀毓老师演讲，毓老师拒绝。

是年，台东卑南族人陈耕元出任台东农校校长，教育厅长陈雪屏请国大代表南志信陪同毓老师至台东农校当教导主任。

陈耕元曾在嘉农读书，喜好棒球运动，为当家游击手，参加过日本夏季甲子园棒球比赛，获得亚军殊荣。陈耕元重视体育，奥运十项全能银牌得主杨传广，即是毓老师的早期学生。

**四十三岁　民国三十七年夏历戊子年（1948 年）**

夏季炎热，毓老师和陈耕元常在屋外摇扇乘凉聊天，毓老师手抱出生不久的陈耕元之子陈建年于膝上，陈建年常在毓老师膝上撒尿。（陈建年后来成为台东县长和原民会主委，女儿陈莹曾任“立委”。）

老师方外之友慈航法师往生。

**四十四岁　1949 年夏历己丑年**

国共淮海战役、平津战役、辽沈战役等三大战役，国民党军大溃，折损一百五十万人。1 月 21 日，蒋介石宣布引退，李宗仁代理总统职权，立刻命令参谋总长顾祝同释放张学良。蒋介石密令将张学良幽禁至高雄寿山要塞。

10 月 1 日，中华人民共和国成立，毛泽东任人民政府主席，周恩来为政务院总理兼外交部长，朱德为人民解放军总司令。

12 月 7 日，国民党退居台湾，溥儒亦搭机来台，应聘师大美术系。

**四十五岁　1950 年末夏历庚寅年**

李宗仁赴美不归。

6 月 25 日朝鲜战争爆发。

**四十六岁　1951 年夏历辛卯年**

溥仪之父载沣病逝于北京。

**四十七岁　1952 年夏历壬辰年**

台东旧火车站前一条新路将命名，“道路规划小组”成员之一的毓老师建议新路名为“铁花路”，纪念清代台东直隶州最后一任知州胡铁花先生。胡铁花之子胡适于 11 月 19 日，应台湾大学及台湾师范学院之聘来台讲学。12 月，受邀参加新路启用剪彩典礼。胡适与毓老师在台首度相见。

**四十八岁　1953 年夏历癸巳年**

毓老师由台东搬迁至台北，租屋于南港洲尾村。

**五十一岁　1956 年夏历丙申年**

治甲骨文的美国学者鲁道夫利用中美文化基金会的庚子赔款，到台湾进修，通过胡适和董作宾推荐，向毓老师拜师，但鲁道夫大毓老师两三岁，又是美国著名的中国通，毓老师当他是朋友，而非弟子。

**五十三岁　1958 年夏历戊戌年**

毓老师登小广告，招收学生，讲授论语，收了一个初中生谢深仁君，两个月后，又加一名高中生黄大炯。黄大炯后来考进台大历史系，仍向毓老师问学，是毓老师在台湾省的首名弟子。

毓老师正式以私塾方式教授洋博士弟子。

是年，台东农校校长陈耕元车祸丧生。

毓老师与慈航法师、印顺法师等佛界大老常往来，不时去看“溥二爷”溥心畬。

**五十四岁　1959 年夏历己亥年**

12 月 4 日，溥仪在抚顺战犯管理所得到特赦。9 日，溥仪回到了阔别三十四年的故乡北京。

于斌筹备辅仁大学在台湾的复校工作，教宗任命于斌为首任校长。

**五十五岁　1960 年夏历庚子年**

4 月 24 日至 7 月中旬，溥仪撰写回忆录《我的前半生》。

慈航中学成立，老师帮忙募款。

**五十八岁　1963 年夏历癸卯年**

夏历十一月十八日，溥儒因鼻癌病逝，毓老师为其守灵。溥儒安葬于阳明山南原。溥儒生于 1896 年，享年六十八岁。

**五十九岁　1964 年夏历甲辰年**

5 月 5 日，溥仪撰著《我的前半生》样书印成。

**六十岁　1965 年夏历庚子年**

洋博士弟子为恭贺毓老师六十岁整寿，出版英文写就的《无隐录》，收录十篇文章，主编魏斐德附《毓老师小传》，为记录毓老师生平的首篇文字。

**六十一岁　1966 年夏历丙午年**

夏历正月十六日（2 月 5 日），毓老师于母亲生日这天戒烟。

是年，中国发生“文化大革命”。

**六十二岁　1967 年夏历丁未年**

8 月接受中国文化学院之聘，毓老师以“刘毓鋆”之名出任哲学系教授。

10月17日溥仪死于肾癌、贫血性心脏病。遗体在八宝山火化，骨灰寄存八宝山人民骨灰堂。1995年迁葬至河北省易县华龙皇家陵园。悼念溥仪，毓老师臂袖黑纱，住宅设灵堂祭悼。

收十七岁嘉义孩子张景兴为义子，赐名“恒达”，“恒”为康熙、乾隆所排辈次，在“毓”字辈后（溥仪赐毓老师“毓”字辈）。

是年，12月8日，日本首相岸信介访台，希望拜会毓老师。因洲尾村不宜接待，安排毓老师迁居至四维路丁将军的寓所。

**六十三岁　1968年夏历戊申年**

兼中国文化学院哲学系主任。

中国文化学院举办“华学会议”，哲学系为主办单位。毓老师因坚持“华”为形容词，应正名“夏学”，不获接受，拒绝接办。

**六十四岁　1969年夏历己酉年**

8月，中国文化学院任教两年，离职。

于四维路开始作私塾讲课。

**六十五岁　1970年夏历庚戌年**

租卧龙街白色二层独户公寓，多余房间，由台湾学生分租。

成立“华夏学苑筹备委员会”，委员包括孔德成、钱穆、方东美、熊式一等人，拟出售祖传宝物石涛长卷和一件南宋陶器，一件雕塑十二生肖的古代明器，兴办“华夏学苑”。

**六十六岁　1971年夏历辛亥年**

1月16日至1月21日讲授《礼记·儒行篇》；2月6日至7月25日开课《商君书》，6月5日开课《论语》，上课对象以老学生为主。11月8日新开课《论语》，正式向外招收弟子，私塾名“天德黉舍”。

敬书“长白又一村，逊国花甲祭”，悬挂于课堂中。

三件宝物遭有权势人士取去，未能如愿取得资金，“华夏学苑”创办暂缓。

**六十七岁　1972 年夏历壬子年**

辅仁大学礼聘至哲学研究所教授一年。

**六十八岁　1973 年夏历癸丑年**

政治大学哲学系聘为教授（任教时间不长，一年左右）。

“天德黉舍”搬迁至新店宝元路，美国布什总统小儿子维克至宝元路拜师。

**七十一岁　1976 年夏历丙辰年**

“天德黉舍”搬至辛亥路。

黄德华说，印第安纳大学教授伊若泊至辛亥路读书，伊若泊为毓老师最后洋博士弟子。

**七十三岁　1978 年夏历戊午年**

4 月 14 日购屋于台北市温州街某大厦一楼，二十平方米左右的地下室成为“天德黉舍”授课所在。

**七十四岁　1979 年夏历己未年**

租得新店山脚下一处红砖黑瓦平房庭园，弟子多人利用暑假帮忙砌墙修园。毓老师命名“静园”。

“静园”之名，为纪念溥仪与诸臣曾于天津静园筹设“满洲国”。

**七十五岁　1980 年夏历庚申年**

成立夏学社，并设夏学社出版事业有限公司，义子为负责人。出版套书《御批历代通鉴辑览》，全套七册。

**七十六岁　1981 年夏历辛酉年**

9 月 30 日，首次祭祀清太祖努尔哈赤。

**七十九岁　1984 年夏历甲子年**

6 月 2 日，义子张景兴结婚。

**八十岁　1985 年夏历乙丑年**

5 月 3 日长孙出生。

**八十一岁　1986 年夏历丙寅年**

母百岁冥诞，毓老师绘观音大士像千尊，数载圆满，舍园为庙，于“静园”供立“人祖羲皇庙”、“仁寿宫”，做佛事七日，以此功德回向父母普及有情。

**八十二岁　1987 年夏历丁卯年**

溥杰之妻嵯峨浩病逝北京。

**八十三岁　1988 年夏历戊辰年**

是年，肝胆肠胃泰斗、“中央研究院”院士医师宋瑞楼检查出毓老师得胃癌，由台大医院外科主任陈楷模主刀。弟子周正成安排协调住院，尔后并负责肿瘤追踪及预防接种等例行检查。毓老师意志力超乎常人，元气旺盛，比正常人早三五天下床。

6 月 6 日，老师手书隶字联语：“今日开学岭，他年成儒林。”落款右边小字是：“乾元山开山华夏学菀暨奉元书院扩建志庆。”左边落款小字是：“夏历戊辰六月六日奉元遁叟时年八十有三。”

是年，病愈后接受儿媳妇建议，开始吃素。

11 月 28 日长孙女出生。

**八十五岁　1990 年夏历庚午年**

11 月 25 日于短纸手书《招魂》、《悔讼》、《八十有四初度》短句，28 日另有一《无题》短句，应是悼亡妻之文。

毓师母若于1990年丧亡，夏历算法，为八十五岁。

**八十六岁　1991年夏历辛未年**

两岸全面开放后，是年5月底由弟子蔡明勋陪同探访昔时出生地礼王府（现为民政部办公地点），遭武警劝离。6月1日回新宾，见永陵断垣残壁，决定捐款修复，并重建遭大水冲毁的果房和膳房。

**八十八岁　1993年夏历壬申年**

8月，先至北京，再坐车到上海、往西安，又搭了两千公里的火车，16日抵达甘肃天水参拜伏羲庙，回程游西湖，拜访杭州灵隐寺，住持赠予“陀罗尼经被”（往生被）。

是年溥仪弟溥杰病逝。

**九十一岁　1996年夏历丙子年**

永陵修建期间，与义子常前往督工，是年7月13日，在未修的永陵老旧石碑前留影。

秋，又命义子请石工打造一对大白色新石狮，上刻“礼烈裔孙金成偕台北奉元书院弟子恭献”。

**九十二岁　1997年夏历丁丑年**

永陵修成，永陵镇人民政府将清朝皇寺地藏寺东南十一点三亩土地使用权相赠，赠期七十年。

**九十三岁　1998年夏历戊寅年**

端午节晚上，毓老师与学生相会后出立誓：继成华夏天下。

是年，偕弟子前往新宾，接受清朝皇寺地藏寺恭请题字，落款为“长白毓鋆时年九十三”，并新铸一口大铜钟，钟上浮雕“台北奉元书院弟子”名字，赠与永陵不远处的另一皇寺“显佑宫”。

《天下杂志》特别企划报道，1月1日出刊《影响200飞越

2000》，“爱新觉罗·毓鋆”列为二百人物之一。

**九十四岁　1999年夏历己卯年**

受赠的十一点三亩土地原先规划建成纪念祖宗的“祖肇堂”，后来觉得仅供奉祖宗，建成后可能闲置，未免可惜，于是决定放大格局，请来世代修筑故宫的大连设计师，将新建的宫殿寺建筑命名“满学研究院”及“满族博物馆”，希望未来成为世界满学研究中心，并能萃聚满族精英。

**九十七岁　2000年夏历壬午年**

满学研究院初期工程完成，斥资达数千万台币。

**九十九岁　2004年夏历甲申年**

3月，奉元书院弟子贾秉坤成立“大元科技公司”，毓老师赐公司名号曰“大元”，取自《易》乾卦“大哉乾元”，并亲往贺喜。

永陵继东、西陵之后，被联合国教科文组织列为“世界文化遗产名录”。（毓老师说“得了金牌奖”。）

**一百岁　2005年夏历乙酉年**

1月底肺积水，考虑吃素方便，住进新店慈济医院，不意医生建议年纪太大，吃素营养不足，不妨喝些鸡汤，反而在慈济医院开荤。弟子排班照料，3月转入台大医院。

病愈后，洋博士弟子夏含夷远从美国搭机来台，代表在美十多名弟子，为毓老师庆寿。

**一百零一岁　2006年夏历丙戌年**

接受天下杂志发行人殷允芃之邀，讲述“不诚，啥事也做不成”。（这是毓老师在台六十年唯一的一次向民间公司讲学。）

**一百零二岁　2007年夏历丁亥年**

二月九日，于台北故宫博物院私见来台参加“全球新兴民主论坛”的蒙古第一任总统彭·奥其尔巴特（是毓老师表亲）。

**一百零四岁　2009年夏历己丑年**

2月28日上完最后一堂课《孙子兵法》。

**一百零五岁　2010年夏历庚寅年**

6月，心脏病发，急送台大加护病房救治。

原本有意回新宾看看已修缮完成的永陵和新建的满学研究院，因病取消。

11月6日，美国加州大学退休教授简慕善拜访恩师并摄影纪念。

**一百零六岁　2011年夏历辛卯年**

1月10日，面告弟子刘君祖：“儒家人物没有活过我的！”毓老师将自己定位为“儒家人物”。

1月26日，北京清华大学常务副校长陈吉宁（今已升任校长）等人专程来台拜会毓老师，毓老师商借东吴大学历史系会议室见清华大学访问团，并摄影留念，清华大学邀请台北奉元书院能扩展到北京清华大学国学院，并盼毓老师能至清华大学讲学。毓老师指定弟子徐泓磋商至清华大学兴建书院的后续工作。

3月初，台大医院血液科名医徐思淳见毓老师有些气喘，精神不佳，建议住院，毓老师拒绝表示，有些事还未做完，怕进医院出不来，耽误了。

3月20日，毓老师于早上五至六时间，端坐辞世。享寿一百零六岁，与蒋宋美龄生年相同。

毓老师读书百年，讲学超过六十年，学不厌，诲不倦，古往今来，未有人超过。

4月10日，毓老师的公奠礼在台北市第二殡仪馆举行，马英九颁发褒扬令。追悼弟子八方汇聚，人龙蜿蜒至馆外。公奠礼后，遗体随即火化。

毓老师嘱咐一旦故去，帮他穿上恩人刘柱林当年救他的蓝色袍子，再穿香云纱，披上陀罗尼经被。

8 月 7 日，义子张景兴将毓老师骨灰安放在自己所建的长白山下新宾满学研究院，骨灰将择日洒在长白山天池或苏子河中。